zur Autorin

Annegret Braun studierte an der Katholischen Hochschule in Köln Sozialarbeit. Studienschwerpunkt war das Studium der Philosophie als Lebenshilfe bei **Prof. Dr. J. A. Stüttler.** Sie war viele Jahre tätig als systemische Beraterin von Familien mit entsprechenden Fortbildungen und Supervisionen, bis die Suche nach einer fundierten Diagnostik sie zum Studium der Objektiven Hermeneutik an die Universität Siegen führte. Sie schloss Kurse und Tagungen beim "Vater" der Objektiven Hermeneutik, **Prof. Dr. U. Oevermann,** an der Universität Frankfurt an. 2001 entwickelte sie als Kompositum der zusammengefügten Erkenntnisse die Familiensystemdiagnostik und praktizierte bis 2008 in der eigenen Praxis in Ostbelgien. Neben dem Erstellen von Familiensystemdiagnostiken, v. a. für Privatpersonen, war sie sowohl in Belgien als auch in Deutschland als Dozentin tätig und leistete Pionierarbeit für die entwickelte Sache. 2008 zog sie nach Südösterreich und praktiziert dort - inmitten der Berge - Familiensystemdiagnostik.

Kontaktadresse:
Praxis für Familiensystemdiagnostik,
Annegret Braun
Grutschen 29, A-9113 Ruden
www. Familiensystemdiagnostik.at
familiensystemdiagnostik@gmail.com

Familiensystemdiagnostik
Erkennen von Familien-Wirklichkeiten mittels Objektiver Hermeneutik - eine Einführung in die Thematik

Dieses Buch widme ich meinem hochverehrten Prof. Dr. Josef Anton Stüttler, dessen geistige Zeugungskraft meine schöpferische Arbeit ermöglichte. „Wenn man einem durchaus reinen und wahrhaft großen Charakter lange zur Seite steht, geht es wie ein Hauch von Ruhe auf uns über" (Wilhelm von Humboldt). Ich danke Gott von ganzem Herzen, dass unsere Zeitlinien sich kreuzten und für mich zu einer existentiellen Begegnung wurden.
Vergelt's Gott!!!

Einen besonderen Dank meinem allerbesten Freund **Uwe Mitteregger,** der mit ganzem Herz und Verstand das Lektorat für diese zweite Auflage übernommen hat.

2. Auflage, September 2012
Ersterscheinung: November 2010

Herstellung und Verlag:
Books on Demand GmbH, Norderstedt
ISBN 978-3-8423-4013-8

3

6

Einführung in die Thematik

Was will Familiensystemdiagnostik? Welchen neuen
Beitrag kann sie leisten, um Menschen behilflich zu
sein, ihr Leben sinnstiftend zu erfassen? Ja tatsächlich,
die Familiensystemdiagnostik spricht von einem
sinnvollen Leben und beweist diese Aussage. Sie
schleudert einer scheinbar sinnentleerten Welt die
folgenreichste Information entgegen: alles ist sinnvoll,
voll Sinn, auch wenn wir im alltäglichen Vollzug diesen
Sinn nicht unmittelbar erkennen können oder unsere
Erlebnisse und Handlungen sogar oftmals gegenteilig,
als völlig sinnlos empfinden. All zu oft erleben wir uns
als Jongleure von Zufälligkeiten, die uns willkürlich zu
erwischen scheinen. So hat der eine Glück, der andere
Pech, jener ist vom Schicksal gebeutelt und wieder ein
anderer hat scheinbar immer „Schwein gehabt".
Hineingeworfen in das Sein wursteln wir uns so durch,
halten uns an Handlungsmuster, die sich bewährt haben
und hinterfragen allenfalls in unserer Pubertät die
gesellschaftlich tradierten Werte.

Und dagegen stellt die Familiensystemdiagnostik fest,
dass alles, jede Kleinigkeit, mag sie auch noch so
unbedeutend erscheinen, aussagekräftig ist in **einem**
sinnverstehenden Zusammenhang. Erkennt man den
Sinnzusammenhang, in dem man sich vorwiegend
unbewusst bewegt, dann sind diese kleinen Dinge des
Lebens wie Mosaiksteinchen eines Bildes. Was das
einzelne Mosaiksteinchen darstellt resp. ausdrückt
erkennt man nur, wenn man das ganze Mosaikbild vor
Augen hat. Familiensystemdiagnostik trägt diese
Mosaiksteinchen zusammen, erkennt mit der

soziologischen Methode der Objektiven Hermeneutik das Muster, nachdem die Steinchen geordnet sind, fügt diese zusammen und präsentiert schließlich individuelles Lebensgeschehen im Gesamtbild resp. im Gesamtverständnis.

Aber was bringt es, wenn ich erkenne, warum mir so manches „Schicksalsschnippchen" geschlagen wird - ist dies nicht wahrlich erst der Stachel der Qual? Nun, der Volksmund sagt: „Gefahr erkannt, Gefahr gebannt". Familiensystemdiagnostik hat ganz eindeutig den Anspruch Lebenshilfe zu sein. Was hilft dem Menschen als Menschen? Dies führt nicht zuletzt zu der wichtigsten Frage: Was ist der Mensch? Um Lebenshilfe zu leisten, muss von einem Menschenverständnis ausgegangen werden, das den Menschen in seinem Dasein und Sosein erfasst. Also hilft es, wenn ich mich in meinem Sein erkenne oder leide ich dann gar mehr, weil ich eh nichts ändern kann, weil mein Leben vielleicht sogar schicksalsmäßig gebunden ist? Zugespitzt gefragt: Kann ich mein Leben letztlich durch Information verändern? Und hier tritt die Familiensystemdiagnostik im Chore mit der Neuen Physik, der Quantenphysik, den klaren Beweis an, dass zu aller erst überhaupt die Information da ist, bevor Wirklichkeit entsteht. Dies ist eine Erkenntnis von ungeheuerer Tragweite, da sie die Perspektive auf das Leben völlig ändert. Wir verlassen erleichtert die materialistische Denk- und Handlungsweise und erklären uns als Schöpfer unserer Wirklichkeit voll und ganz verantwortlich. Nein, das ist überhaupt nicht schlimm, im Gegenteil, es führt uns und bindend uns zurück an unseren geistigen Ursprung und eröffnet uns

einen möglicherweise ganz neuen Zugang zum Neuen
Testament.

Wenn ich Ihnen nun vorab schon sage, dass sich in
unserm Leben letztlich alles um die Liebe dreht,
verstanden als tiefe seelische Annahme ohne
Akzeptanzbedingung, dann sind die zwei wichtigsten
Beiträge der Familiensystemdiagnostik schon benannt:
Ihr Leben macht Sinn, und wenn Sie in der Liebe sind,
dann gibt es für Sie eine deutlich positive Entfaltung
Ihres Seins und Ihre Seele reift mit all IhrenTaten. So
darf ich einladen zu einem spannenden und
erkenntnisreichen Perspektivwechsel auf Ihr Leben.

1. Vom Perspektivwechsel in der Familiensystemdiagnostik: Nichts passiert zufällig, alles ist sinnmotiviert ... oder von den Ursachen unserer Erlebnisse und Handlungen.

Dies mag sich bedrohlich und befreiend zugleich anhören, ist aber letztlich eines der schönsten Erkenntnisse des Lebens, denn es bedeutet: Ich bin keine Marionette, sondern Regisseur meines Lebens. Nun werden Sie erwidern: Das, was ich alles erlebt habe, das habe ich mir ganz sicher nicht ausgesucht, worauf die Familiensystemdiagnostik antwortet: Es hat Sie getroffen, was Sie betrifft und Sie haben erkannt, was Sie kennen - oder haben Sie nichts erkannt, haben Sie nicht verstanden, warum Ihnen dies oder jenes geschehen ist - macht nichts, dieses oder ähnliches wird sich wiederholen, bis Sie erkannt haben, denn in Ihrem Leben geht es ständig und immerzu ums Erkennen und Reifen an der Erkenntnis!
Folgendes Beispiel kann diese Gesetzmäßigkeit verdeutlichen: Da schlägt z. B. der Mann regelmäßig volltrunken seine Frau. Hätte sie doch aufhören können zu wünschen, dass er sich ändern soll! Aber alle Leute konnten sie so gut verstehen und riefen gleich mit, wie schlimm der Mann doch sei und das alles so schön hätte sein können, hätte er sich nur geändert. Hätte sie damit aufhören können, von sich wegzuzeigen und die Frage zugelassen, warum ihr das geschehe, welchen Sinn das für sie hätte machen können (ohne natürlich damit die Handlungen an sich gut zu heißen), dann wäre sie nach der Scheidung nicht wieder auf einen saufenden Schlägertyp hereingefallen. Und sie

wird solange in ihren Beziehungen an den gleichen Stellen leiden, bis sie erkannt hat, was sich damit in ihrem Leben möglicherweise wiederholt, welche Qualitäten sie ausbilden sollte, welche passiv aggressiven Anteile sie womöglich hat und warum und wodurch sie diese ausprägen musste. In diesem Sinne spricht Prof. Dr. Ulrich Oevermann, der Vater der sog. Objektiven Hermeneutik resp. Strukturalen Hermeneutik, und die Objektive Hermeneutik ist das methodische Herzstück der Familiensystemdiagnostik, von der Tatsache, dass wir jederzeit das tun resp. uns jederzeit das passiert, was für uns jeweils den höchsten Sinn macht, was für uns am sinnvollsten ist, weil es für uns am besten passt, um zu erkennen. Aus dieser Metaperspektive betrachtet, bekommt jeder das, was er zu seiner Selbsterkenntnis und zur Persönlichkeitsreifung braucht, es erscheint immer nur dann sinnlos, wenn man den Sinn nicht erkennt. Getrübten Verstandes sprechen Menschen dann vom Zufall. Zufall wird für sie zum Platzhalter für Unbekanntes und damit wird seine wahre Bedeutung genau ins Gegenteil verkehrt: Zufall ist das, was uns speziell gerade zufällt, damit wir es nehmen und verarbeiten.

Aber was gilt es denn zu erkennen und was hat das mit meiner Familie resp. Herkunftsfamilie zu tun?
Was unser Handeln letztendlich motiviert, liegt - und dies ist seit dem Tiefenpsychologen Freud immer wieder bestätigt worden - in unserem Vor- resp. Unterbewusstsein. Es gibt Handlungsmuster unserer Persönlichkeit, die uns selbst nicht klar sind, auf die wir bewusst nicht zugreifen können. Diese

Handlungsmuster drücken sich dann in allem aus, was wir sind und tun. Im Volksmund gibt es die Redewendung: Wie bist Du denn gestrickt? Etwas schöner gesagt: Wie bist Du strukturiert, was macht Deine Einzigartigkeit aus, was ist Dein Persönlichkeitspotential, welches sind Deine Schwächen, Deine Stärken - modern könnte man auch sagen: Auf welcher Software läufst Du? Diese „Software" prägt unsere „Hardware", denn ansonsten wären wir gar nicht handlungsfähig, würden von einer Krise in die nächste laufen, weil wir ständig neue Entscheidungen treffen müssten, anstatt auf bewährte, vererbte Handlungsmuster zurückgreifen zu können. Die Familiensystemdiagnostik kann diese Handlungsmuster, die im Unterbewusstsein „abgespeichert" sind, erkennbar machen, weil sie sich der Objektiven Hermeneutik bedient, die wie ein Schlüssel tiefliegende Verstehensschichten aufzuschließen vermag. Warum bin ich so, wie ich bin, wie kann ich so sein, wie ich will und wie bin ich eigentlich gemeint? Als wissenschaftliche Methode hat sie natürlich den Anspruch, mit rationalen Mittel zu überprüfbaren, wiederholbaren Ergebnissen zu gelangen. Somit erfordert es diesfalls kein Glaubensbekenntnis, wenn man sich zur Familiensystemdiagnostik „bekennt", sondern eines Denkaktes und gesunden Menschenverstandes.

Wie nun die Familiensystemdiagnostik das persönliche „Strickmuster" erkennt, darauf wird später eingegangen.

1.1 Wie kommt es zur Persönlichkeitsprägung, welches sind hierfür die Parameter?

Die Herkunftsfamilie, der Ort und die Zeit, kurz die Wirk-lichkeit, in die wir hineingeboren werden, ist für unsere Persönlichkeitsprägung – neben späteren Bildungsprozessen – maßgeblich. Die Familiensystemdiagnostik hat somit die Aufgabe, alle unbewussten und bewussten Wirk-lichkeiten zu erfassen, in die wir hineingeboren wurden. Denn diese machten unsere Realität aus! Über diese Wirklichkeit zum Zeitpunkt unserer Geburt, also über das, was zum Zeitpunkt unserer Geburt wirkte, wissen wir bewusst überhaupt gar nichts, alles, was wir darüber wissen, ist uns berichtet worden, haben wir vielleicht irgendwo gehört oder sogar recherchiert. Dies kommt in der spontanen Äußerung vieler Klientinnen und Klienten der Familiensystemdiagnostik zum Ausdruck, wenn sie im biographischen narrativen Interview auf die Interviewaufforderung:

„Bitte erzählen Sie mir Ihre Lebensgeschichte, fangen Sie damit so früh wie möglich an und erzählen Sie so ausführlich, wie es eben geht."

antworten:

„(Tiefes ein- und ausatmen) ... darüber weiß ich eigentlich gar nichts ... über meine Geburt ... wo soll ich dann anfangen ... bei meinen ersten Erinnerungen?"

Wir sind bis zu unserem dritten Lebensjahr nachweislich nicht im Bewusstseinszustand, in dem wir etwas erinnern, in dem wir etwas bewusst wahrnehmen können, sondern im Zustand des Unbewussten. Daher erinnern wir uns auch nicht an diese Zeit. In diesem Zeitraum, (interuterine Zeit, Geburt, bis ca. drittes Lebensjahr,) prägt sich unsere Persönlichkeit, sie ist somit die entwicklungsbedingt wichtigste Zeit in unserem Leben. Und weil wir im Zustand des Unbewussten sind, können wir bewusst nichts über diese Prägung wissen. Dass es eine solche unbewusste Prägung aber tatsächlich gibt, das können wir uns klar machen, wenn wir uns folgendes vor Augen führen:

Als Kind werden wir in eine Situation hineingeboren, an die wir uns unweigerlich anpassen müssen. Wir passen uns der Lebenssituation unserer Eltern, deren Fähigkeiten und Einschränkungen an, weil wir als Kind alles tun und tun müssen, damit unsere Eltern uns annehmen und lieben können. Kinder tun alles für ihre Eltern, sie können diese gar nicht in Frage stellen, weil sie damit den Ast abschneiden würden, auf dem sie sitzen. Fühlt ein Kind sich ungut, weil die Eltern es tatsächlich schlecht behandeln, dann wird es regelmäßig den Rückschluss ziehen, dass es selbst nicht gut ist; wäre es gut, dann würden seine Eltern auch zufrieden mit ihm sein, es lieben können. Schimpfen aber die aus Kindersicht unfehlbaren Eltern, dann ist das Kind in seinem Verständnis schlecht.

My mother loves me.
I feel good.
I feel good because she loves me.

I am good because I feel good
I feel good because I am good
My mother loves me because I am good.

My mother does not love me.
I feel bad.
I feel bad because she does not love me
I am bad because I feel bad
I feel bad because I am bad
I am bad because she does not love me
She does not love me because I am bad.

Ronald D. Laing: Knots (1970)

Wir alle können aber nur bedingt lieben. Unsere Liebe
unterliegt Akzeptanzbedingungen. Auch das ist eine
Tatsache, welche die meisten von uns sicher gerne
leugnen würden, denn wer würde spontan zugeben, dass
er sein Kind nicht bedingungslos liebt? Aber wir alle
unterliegen Akzeptanzbedingungen, denn sonst wären
wir ja vollkommen und als solche wahrscheinlich keine
Erdenbürger mehr. Diese Akzeptanzbedingungen,
denen wir als Kinder unterlagen, richten wir nicht selten
unbewusst auf unsere Kinder. Sie lenken die
Persönlichkeitsentfaltung, weil es immerzu darum geht,
die Parameter zu erfüllen, unter denen wir geliebt
werden. Man kann das vergleichen mit den
Bemühungen eines Bohnenkeimlings, der – in ein
dunkles Labyrinth gepflanzt – alle Windungen

vollzieht, um zur oberen Lichtöffnung emporzusteigen. Wir alle vollziehen solche Windungen und verbiegen uns ständig, weil wir geliebt werden wollen ... und jeder von uns wird sich anders biegen, weil wir alle anderen Akzeptanzbedingungen unterliegen. Aber dieses Verbiegen haben wir uns auferlegt, mussten wir uns aneignen, um zur „Sonne" zu finden. Als erwachsene Menschen biegen und winden wir uns immer noch, bis wir das „kleine Kind" in uns verstehen und es erlösen, in dem wir andere Parameter in unser Leben stellen. Dies alles sind, wie oben erläutert, unbewusste Prozesse ... und die Familiensystemdiagnostik bringt nun Licht auch dahin, wo es vorher finster war, indem sie die Windungen erkennt und benennt, nach denen wir uns ausgerichtet haben.

Sind wir als Kind in der Situation, dass wir uns den Akzeptanzbedingungen fügen, unsere Eltern anerkennen und unsere eigene Identität über die Akzeptanzbedingungen unserer Eltern definieren, dann bekommen wir in der Jugendzeit erstmals die Möglichkeit, unsere Eltern, deren Werte und Vorstellungen in Frage zu stellen. In dieser Lebensphase der Jugend geht es um die Findung eigener Identität, im Unterschied zur sog. abgeleiteten Identität während der Kindheit. Wir rebellieren gegen Themen, die wir jetzt letztlich einfach nur von der anderen Seite der Medaille aus betrachten. Selbst, wenn wir als Jugendliche in unserer Betrachtungsweise völlig anders sind als unsere Eltern und manche Dinge ganz bewusst anders und v. a. besser machen wollen, so befassen wir uns dennoch mit den Themen, die wir in unsere Kinderwiege, sozusagen als soziales Erbe unserer Vorfahren, hineingelegt bekommen haben.

Denn nicht alle Jugendlichen rebellieren gegen die gleichen Themen, sondern immer gegen die unbewussten Fesseln ihrer Kindheit. Aber wir kämpfen letztlich gegen oberflächliche Dinge, weil wir nicht um das tiefliegende Struktur- und Handlungsmuster wissen, das auf uns wirkt. Selbst wenn wir denken, dass wir ganz anders sind als unsere Vorfahren, wir uns sogar mit diesen überworfen und auch jeglichen Kontakt abgebrochen haben, dann sind wir noch lange nicht „aus dem Schneider". Erst tiefe Erkenntnis dessen, was da in der Wiege als Sozialerbe „mitgeboren" wurde, macht wirkliche Veränderung möglich. Das hat jeder von uns spätestens dann erfahren, als er selbst Elternteil wurde. Mit der Geburt eines Kindes kommt es sozusagen zur Renaissance oder eigentlich eher zur teilweisen Offenbarung des persönlichen Handlungsmusters. Vor allem in Situationen, in denen wir auf schnelles Handeln angewiesen sind, greifen die alten Muster. Was sollte auch sonst greifen, denn das, was wir in unserem „Lebensrucksack" haben, ist uns natürlich am nächsten. Jede komplett neue Situation bringt uns in neue Entscheidungsverpflichtungen, ist eine Krisensituation, im weit gefassten Verständnis dieses Terminus. Krisen vermeiden wir lieber und solange sich unser Handlungsrepertoire halbwegs bewährt, handeln wir auch in der Elternrolle aus den Lernerfahrungen, die wir als Kind aus einer anderen Position heraus machen konnten. Wir ertappen uns z. B. dabei, wie wir die gleiche Wortwahl unserer Mutter benutzen, wenn unser Kind unsere Nerven beansprucht. Dabei hatten wir uns geschworen, dass wir, wenn wir mal Eltern wären, so nie mit unserem Kind sprechen würden. So mancher Junge, der als Kind unter den Schlägen seines Vaters gelitten hat, schlägt seinen Buben und versteht im Nachhinein, seinen eigenen Vater sehr gut, wie er das tun konnte, weil ihm heute auch nichts Besseres einfällt. Im Nachhinein rechtfertigt er die Handlungen seines Vaters mit seinen eigenen und reproduziert das Muster einer hilflosen Autoritätsbeziehung. D. h. ein Verhaltensmuster wird über Generationen weitergereicht, scheinbar fast unabhängig von den Personen; eine Thematik reproduziert sich, und wirft es den Vater unseres Beispieles nicht in eine Krise, sondern reproduziert er das alte Szenario aus einer neuen Position heraus weiter, dann wird nichts erkannt, sondern das Handlungsmuster verschlimmert sich, diesfalls die Beziehung zwischen Vater und Sohn. Interessant ist, dass dieser junge Vater, der seinen Buben nie schlagen wollte, diese Handlung nun sogar bewusst vollzieht, mehr oder weniger absichtlich handelt. Selbst wenn er auch heute das Schlagen eigentlich ablehnt und ihm der Kleine im nachhinein leid tut - selbst wenn er sich vornimmt, das nächste Mal nicht zu schlagen, sondern mit Fernsehverbot o. ä. strafen möchte, wird er – wie fremdbestimmt – wieder zuschlagen.

Daran werden Handlungsmuster erkennbar, Strukturen, mit denen man wie ferngesteuert reagiert, um handlungsfähig zu sein. Natürlich könnte der Vater unseres Beispieles sich ein „Verhaltenstraining" auferlegen, damit er endlich anders funktionieren kann, damit sein Handeln seinem Wollen entspricht und nicht seinen unbewussten „Reflexen". Aber er wird damit nie verstehen, selbst wenn er einige Zeit so funktionieren könnte, was da auf seiner Soseinsebene erkannt werden will, er wird nie die Beziehung zu seinem Sohn so herzlich leben können, wie er das möchte, da er Veränderungen nur auf der Oberfläche vornimmt und nicht in der Tiefe seines Herzens. In der Tiefe seines Herzens müsste er sich der seelischen Schmerzen erinnern, die sein Vater ihm zufügte, sein Vater, den er doch so liebte, dessen einzige Zuwendung aber im Schlagen bestand.

Strukturen, die uns einholen, Themen, die sich wiederholen, können wir oft bei anderen Menschen viel besser wahrnehmen, als bei uns selbst. Wenn wir die Prognose wagen, dass die Pfarrerstochter vermutlich nicht den Sohn eines Mafiabosses heiratet, so findet das jeder plausibel. Warum denn? Wenn wir beobachten, dass der Sohn eines Arztes ebenfalls Medizin studiert, so urteilen wir: Das lag ja auf der Hand! Absolviert die Tochter eines Rechtsanwaltes eine Ausbildung zur Einzelhandelskauffrau, so finden wir das schon erklärungsbedürftig und vermuten, dass in der Familie nicht alles nach den Vorstellungen der Eltern gelaufen ist. Wenn der einzige Sohn eines Großbauers den traditionellen Bauernhof nicht übernimmt, sondern in eine abhängige Beschäftigung geht, z. B. als Fabrikarbeiter in der entfernten Großstadt, dann weiß jeder, dass da dein Strukturbruch stattgefunden hat, eine Neuentscheidung getroffen wurde, in gegenseitiger Akzeptanz oder aber bitterer erkenntnisloser Verweigerung.

Weitere Beispiele familiärer Handlungsmuster sind sämtliche Missbrauchssysteme, Suchtsysteme oder kriminelle Systeme. Niemand wundert sich, dass der Sohn alkoholabhängig ist, hat doch schon der Großvater

„getrunken". Alle bedauern die junge Frau, die auf einen Alkoholiker hereingefallen ist, hat sie doch schon die Prügel ihres Vaters beziehen müssen, wenn dieser getrunken hatte. Ebenso kann man sexuellen Missbrauch regelmäßig über mehrere Generationen verfolgen, weiß man doch, dass jeder Täter einst, in irgend einer Form, Opfer war. Ja, von außen betrachtet, den Blick auf andere Familien gerichtet, vermag ein jeder solche Regelmäßigkeiten zu beobachten, nur worin man selbst feststeckt, vermag man nur bruchstückhaft zu überblicken.

1.2 Die Familiensystemdiagnostik vermag nicht nur bruchstückhaft, sondern im Gesamtzusammenhang tiefe Verstehensschichten zu erschließen.

Familiensystemdiagnostik erkennt die handlungstreibenden Themen und befreit so aus der starken Wirkungskraft des Unbewussten. Damit werden die Gründe vergangener Entscheidungen und Empfindungen, Ereignisse und Handlungen tiefschichtig einsichtig und verstehbar. Diese Einsicht ist der unabdingbare erste Schritt für dauerhaft wirkende Veränderungen. Dauerhaft wirkende Veränderung auf der So-Seinsebene (im Unterschied zum kurzzeitigem Funktionieren, was mehr Schein als Sein ist) erkennen Sie daran, dass sich Ihnen manche Probleme gar nicht mehr stellen, dafür völlig neue Themen in Ihr Leben treten, dass bestimmte Erlebnisse in ihrer Wirklichkeit nicht mehr vorkommen, aber neue

Ereignisse Sie plötzlich herausfordern, dass Ihr Bekannten- und Freundeskreis sich verändert hat. Wenn man mittels der Familiensystemdiagnostik mehr über sich erfährt, dann weiß man auch mehr über seine individuellen und sozialen Fähigkeiten und hat damit einen ganz anderen Handlungsraum und v. a. Dingen Handlungsfreiheit!!! Aktuelle Seins-Möglichkeiten werden erkennbar und zukünftige Perspektiven aufgetan.

1.3 Familiensystemdiagnostik analysiert persönliche Lebenswege als strategisches Wechselspiel zwischen Wirklichkeit und Möglichkeit.

Was bedeutet das? Jede vorgefundene Situation ist verursacht, ihr gingen andere Situationen voraus, die zur vorgefundenen Wirklichkeit führten. Die vorgefundene Wirklichkeit ihrerseits eröffnet wiederum neue Handlungsmöglichkeiten. Für eine Möglichkeit müssen wir uns entscheiden, wir können keinesfalls nicht entscheiden. Mit der Entscheidung, die oft automatisch und unbewusst getroffen wird, fallen alle anderen Entscheidungsmöglichkeiten endgültig flach, sind nicht wiederholbar. Mit unserer Entscheidung haben wir dann wieder eine neue Wirklichkeit geschaffen, die eben durch unsere Entscheidung verursacht wurde. Die Familiensystemdiagnostik schaut sich systematisch und chronologisch mit der soziologischen Methode der Objektiven Hermeneutik die wichtigsten Entscheidungssituationen eines Familiensystems an, rekonstruiert also geschaffene Wirklichkeiten und damit auch die Wirklichkeit, in die der Klient hineingeboren wurde. Und immer wieder erstaunt stehen wir vor einem umfassenden Ergebnis, das alles erklärt, was ist. Der Klient erhält ein Gesamtverständnis seiner persönlichen Lebenssituation, er kann sich besser verstehen, weiß, warum er so und nicht anders funktioniert und kann seine Erlebnis- und Erfahrungswelt von einer bis dahin verborgenen Sinnmotivation aus verstehen. Er weiß nun, wie er „gestrickt" ist und diese Erkenntnis ist überaus bereichernd, da sie niemals ohne Konsequenzen bleibt. Sie ermöglicht nun aller erst tiefgreifende Veränderungen. Wir handeln eben nicht einmal so, ein anderes mal ganz anders, sondern unsere Entscheidungen folgen einem bestimmten, wie auch immer bewährten Handlungsmuster, eben der „Software" unserer Geburtsstunde.

Mittels der Familiensystemdiagnostik wird deutlich, welche Bedingungen und Lernstrukturen uns während unserer Kindheit prägten. Es wird offensichtlich, welche Schritte unseren Lebensweg erleichtern, was uns gut tut und uns stärkt. Jetzt erst wird eigenbestimmtes Handeln möglich.

Dieses latent wirkende Sinn- und Bedeutungsmuster ist unsere Handlungskompetenz, die nur veränderbar ist, wenn sie der Latenz enthoben wird. Ansonsten reproduziert sie sich so lange, bis sie am Leben scheitert. Wenn Menschen immer wieder das Gefühl haben, im Leben nicht weiter zu kommen, sich in Sackgassen zu befinden, die doch Straßen zu persönlichen Zielen sein sollten, wenn man immer wieder Pech hat und nicht mehr weiter weiß, wenn der Körper in seinen Ausdrucksgestalten deutlich HALT ruft, so funktioniere ich nicht mehr weiter, dann ist auch dies letztlich nur ein Ausdruck der Seele, die verstanden werden will, ein Hilferuf des kleinen Kindes in uns, das aus der Knechtschaft befreit werden möchte. Wir spüren deutlich, dass wir etwas verändern müssen, wissen aber nicht, warum die Dinge bei anderen Menschen laufen und man selbst nicht einmal in die Gänge kommt. Erst wenn wir in eine solche Krise kommen, dass es für uns auf keinen Fall so weiter gehen kann, wie gehabt, dann sind Veränderungen möglich. Jegliche Routine muss scheitern, damit wir neu entscheiden. In diesem Sinne sind tatsächlich Krisen die einzige Chance, etwas verändern zu können. Zuvor besteht nicht die Notwendigkeit einer solchen Anstrengung. In der Familiensystemdiagnostik spricht man davon, dass aus der Krisensituation die Transformation der Persönlichkeitsstruktur erfolgen kann. Wenn die Krisenlösung sich dann im Leben bewährt, dann geht aus ihr die „neue" Routine hervor. Reproduzieren wir zeitlebens unsere Persönlichkeitsstruktur, kompensieren wir Schwierigkeiten, anstatt sie zu lösen, dann führen wir ein erkenntnisloses langweiliges Leben, in dem man mit 20 Jahren schon in der Lage ist, seine Biographie zu schreiben, da voraussehbar ist, dass sich bis zum 80igsten Lebensjahr nichts besonderes mehr tut. Unter der Bedingung der erfolgreichen Routine, der glatt ablaufenden Handlung, verdampft das Subjekt in der Objektivität der Allgemeinheit und externen Gesetzmäßigkeit . Dies ist der Zustand, den Martin Heidegger in seinem Hauptwerk „Sein und Zeit" im Kapitel über das „man" behandelt. Man versinkt eben in eine Gleichförmigkeit, die immer mehr zur Gleichgültigkeit wird und funktioniert schließlich allenfalls wie ein Neutrum, ein Gegenstand. (nach Heidegger, Sein und Zeit, S. 126 ff.)

Jahrelange Familien-Forschung mittels der Familiensystemdiagnostik zeigt, wie sich im Leben Einzelner Persönlichkeitsmuster, also Muster der Lebensführung und Erfahrungsverarbeitung, bedingt durch die Primärsozialisation und individuelle Bildungsprozesse, über Generationen reproduzieren oder transformieren. In Familiengeschichten diagnostizierte Themen durchwandern die Zeiten, prägen die Menschen, stiften Wirklichkeiten, bis sie sich endgültig nicht mehr bewähren und sich ausleben, oder aber ins Bewusstsein gehoben, erkannt und benannt werden.

1.4 Familienthemen sind wirksam, bevor wir in sie hineingestellt werden. Das ist ein radikaler Perspektivwechsel auf unser Leben!!!

 Und wir, die wir in eine bestimmte Thematik hineingeboren werden, haben nicht etwa Pech oder Glück, sondern scheinen uns genau an den vorgefundenen Themen bewähren zu müssen. Ja das ist ein radikaler Perspektivwechsel auf unser Leben, der Sinn und Zweck in unser Dasein bringt, der wahre Lebenshilfe ist, weil er zur Beantwortung der wesentlichsten Fragen überhaupt, der existentiellen Fragen unseres Seins, führt: Woher komme ich, warum bin ich, wohin gehe ich??? Hier tun sich für den suchenden Menschen Antwortangebote auf, die in ganz neue Dimensionen führen.

Themen oder besser noch Systeme reproduzieren sich also, bis sie scheitern und sie scheitern entweder an dem Menschen, der sie transformiert oder die Menschen scheitern an ihnen. In der Familiensystemdiagnostik erkennt man diese Strukturbrüche sehr deutlich. Systeme, an denen die Menschen scheitern, leben sich schlicht und einfach aus, was u. a. daran zu erkennen ist, dass die Menschen sich nicht mehr reproduzieren. Familienzweige sterben aus, durch gewollte oder ungewollte Kinderlosigkeit, frühen Tod, etc.. Systeme, an denen die Menschen sich bewähren, erkennt man an eklatanten Veränderungen oder an Brüchen in den Entscheidungslinien. Ein solcher Bruch wäre z. B., wenn der Erbe des traditionellen Geschäftslokals dieses Erbe ausschließt und an Stelle dieser selbständigen Tätigkeit, ein Hochschulstudium absolviert und er später Geologe wird.

1.5 Die familiensystemische Forschung führt zu frappierenden Erkenntnissen unserer Zeit.

Natürlich entspricht ein Berufswechsel keinesfalls immer einem Strukturbruch, oftmals ist sogar das Gegenteil der Fall. Über Beruf, vor allen Dingen über materialistisch orientierte Lebenswege, versuchen Menschen unserer Zeit immer mehr und gesellschaftlich hoch geachtet und anerkannt, seelische Defizite zu kompensieren. Berufliche Karriere und Machertum stehen hoch im Kurs. Wer von morgens bis abends funktioniert und dafür das Lob und den Neid seiner Mitmenschen erntet, wird am wenigsten in seiner Neigung, ein materialistisches Leben zu führen, einen Fehler erkennen. Er spürt kaum mehr, dass er in keinerlei Beziehung lebt, dass er nicht geliebt wird und er niemanden liebt und dass seine abenteuerliche virtuelle Welt am PC für ihn realistischer ist, als sein abendliches armes Leben im Sofa. Dass der Materialismus als Selbstzweck aber gänzlich falsch ist, beinhaltet bereits das jetzt Gesagte, wird aber weiter unten verdeutlicht werden.

Der Perspektivwechsel der Familiensystemdiagnostik besteht also darin, dass zunächst eine Information, eine latente Sinnstruktur vorhanden ist, die dann erst Realität schafft, es besteht zunächst ein latentes Handlungsmuster, unter dessen Parameter wir werden und sind. Information schafft Wirklichkeit.

2. Familiensystemdiagnostik und Quantenphysik

Information schafft Wirklichkeit. Dies beweist nicht nur die Familiensystemdiagnostik, indem sie zeigt, wie die Wirklichkeit, in die wir hineingeboren werden, unser Sein bestimmt, sondern auch die Physik. Bereits zu Beginn des 20igsten Jahrhunderts gelangte die Physik zu dieser überaus hervorragenden Erkenntnis, die u. a. in der Mikrochemie, Mikrobiologie und Mikrotechnik zu Errungenschaften geführt hat, ohne die wir uns unser heutiges Leben nicht mehr denken können. Jeder von uns weiß zum Beispiel, wie ein Handy bedient wird, aber wie es funktioniert, warum es klappt, eine drahtlose Verbindung von Österreich nach Amerika herzustellen in einem Moment, in dem Millionen anderer Menschen ebenfalls irgendwo drahtlos herum telefonieren, das weiß kaum einer.

Zu Beginn des 20igsten Jahrhunderts gingen die Physiker auf die Suche nach dem kleinsten Baustein der Welt, weil sie die Idee hatten, die Welt in den Griff zu bekommen. Hätte man den kleinsten Baustein der Welt und würde man alle Gesetzmäßigkeiten des Funktionierens herausfinden, neben den vielen physikalischen Gesetzmäßigkeiten, die man schon verstanden hatte, dann könnte man alles schaffen und schöpfen, dann hätte man dem lieben Gott ins Handwerk geschaut und dieser würde endlich überflüssig. Für diese Baustein-Physiker fungierte Gott sowieso nur noch als Variable, als Platzhalter für noch nicht Erklärtes. So forschte man und zerlegte, teilte, machte kleiner ... es veränderte sich stets die Form, und immer blieb noch etwas Materie übrig, bis man endlich dachte, etwas Unteilbares gefunden zu haben, das

Atom. Aber bald schon merkte man, dass man auch dieses in Teile zerlegen kann, in Elektronen, Protonen, einen Atomkern (den Träger der Materie). Das war schon äußerst spannend, denn wenn der Zellkern einziger Träger von Materie ist und die Elektronen in weiter Entfernung um ihn herum kreisen, dann bekommt man einen riesigen Öltanker, fasst man dessen Atomkerne zusammen, in einen Stecknadelkopf. Aber was ist mit dem Rest, den umherkreisenden Elektronen und dem Vakuum zwischen den Elektronen und dem Atomkern?

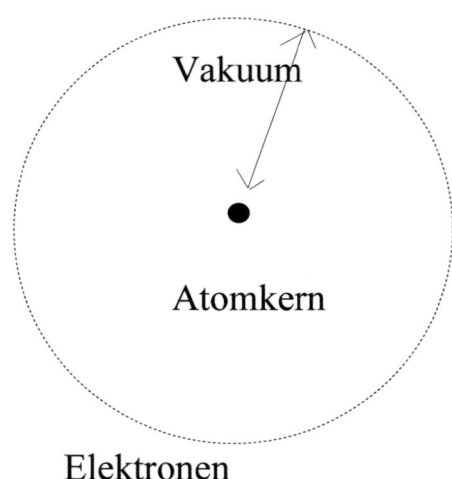

Vakuum

Atomkern

Elektronen

Nun, man hat herausgefunden, dass dieses Vakuum ein Informationsspeicher ist, ein geistiger Raum, der 99,999% des gesamten Atoms ausmacht. Das Vakuum hat eine unglaubliche Fähigkeit, Daten zu speichern. Alles, was in unserer Massewelt stattfindet, kann in das Vakuum hineingebracht und mit gleichen Verfahren wieder herausgelesen werden. Das Vakuum ist ein Informationsspeicher, ist rein geistiger Raum. Im Vakuum gibt es keine Kräfte, daher auch keine Lichtgeschwindigkeit. So findet die Verbreitung von Informationen (= codierte Energie) instantan im Universum statt. Was wir denken und fühlen kann unsere Mitmenschen beeinflussen und da Raum und Zeit keine Rolle spielen, auch zu anderen Orten und zu anderen Zeiten.

Somit spielt es eine Rolle, welchen Sinn und Bedeutung wir den Dingen beimessen.

Hans Peter Dürr, jahrelanger Mitarbeiter des Atomteilchenphysikers Heisenberg, sagt sogar noch eindeutiger, dass wir auf der Suche nach der formlosen Materie, genau diese verloren haben. Wir haben die Materie verloren, und das, was übrig geblieben ist, ist das Gestaltgebende. Zerlegt man z. B. einen Tisch, teilt ihn, viertelt ihn, achtelt ihn usw., so ändert er immer seine Form, bis wir zu dem kleinsten materiellen Teilchen vordringen; teilen wir das auch wieder, so bleibt letztlich die „Form", aber die Materie „verschliert". Unter dem Elektronenmikroskop sind nur noch wellenartige, schleierförmige Konturen zu sehen. Das ist eine Erkenntnis mit weitreichender Wirkung. Erst ist die Information da, dann die Materialisierung, erst der Gedanke, dann die Realität, erst Geist, dann Materie. In den Geisteswissenschaften hat man die daraus resultierenden Konsequenzen total ignoriert, nur im technischen Bereich nutzte man diese Erkenntnis. Die Physiker damals erschauerten vor diesen Ergebnissen, verloren sie doch die Wunschvorstellung, die Welt in den Griff zu bekommen.

Schon in der Bibel steht: Am Anfang war das **Wort**! Und das hebräische Wort "bereschit", das meistens ebenfalls mit Wort übersetzt wird, kann aber auch mit „im Geiste" übersetzt werden, also: Im Geiste erschuf Gott Himmel und Erde. So sind wird Geist und haben einen Körper. In unserer heutigen Zeit reduzieren wir uns und alles andere auf die materielle Daseinsdimension; Geistigkeit geht anscheinend völlig verloren. Nur beispielhaft sei auf den medizinischen Bereich hingewiesen - dort unterliegen wir vielfach diesem fatalen Fehler, materialistisch zu denken. Medizin/Medikation (Ableitung vom lateinischen mederi = das innere Maß, Gleichgewicht) verflacht dann zur technischen Manipulation an vermeidlich mechanischen Pannen des Organismus. In Alabama errichteten US-Firmen bereits ein voll computerisiertes Krankenhaus, das „automated digital hospital". „Der Software-Konzern Oracle und der Krankenhaus-Konzern Healthsouth versprechen sich davon eine Senkung der Kosten und mehr Profit. Bettenlager, Medikamentation und Patientenversorgung sind nahezu voll automatisiert. Die Krankenbilder sind jederzeit ins Internet zu setzen, um weltweit Ärzte teilhaben zu lassen. Weitere Online-Krankenhäuser sind in zehn weiteren Städten geplant." (s. S. 281 U. Warnke in Diesseits und Jenseits der Raum-Zeit-Netze, 2001). „Das mechanistische Paradigma ist als Konditionierung in den Köpfen der meisten heute lebenden Menschen fest eingraviert. Diese Menschen halten sich allein an das, was sie sehen und greifen können und das ist die makroskopische Materie. Selbst der Vorgang des allabendlichen Fernsehens, der die vermeintlich makroskopische Welt allein mit Hilfe der Quanteneffekte in das Wohnzimmer zaubert, wird nicht hinterfragt." (a.a.O. S. 21). So wird auch unser Organismus als Automat betrachtet und behandelt. Ernsthaft wird das Ersatzteillager für Menschen aus Klonen diskutiert und das, als Ergebnis einseitiger medizinischer Forschung, die den Menschen auf die Materie des Körpers reduziert, auf materielle Funktionsweise. „Diese Sichtweise des Lebens und die bisherigen grundlegenden wissenschaftlichen Fragestellungen sind keinesfalls ausreichend und könnten in ihrer Beschränktheit und Primitivität von künftigen Generationen zurückgesehen belächelt werden" (ebd. S. 22).

Ist aber die materielle Ebene das Ergebnis, die Folge einer geistigen Ursache, dann müssen wir unsere Perspektive auf uns und diese Welt endlich vom Kopf auf die Beine stellen und konsequent danach handeln. Es gibt auf der Ebene der Ursachendimension keine Materie, Materie ist eine Vergröberung in einer weit undifferenzierteren Dimension. Wenn Materie also nicht der kleinste Baustein unserer Wirklichkeit ist, sondern Geist, dann ist alles Potentialität, Materie ist Illusion, Maya, Trugbild, Irrtum. Die Wirklichkeit ist Potentialität, das, was vor der Manifestation von Materie kommt, ein Prozess, kein Ding. Im Augenblick der Potentialität/Ahnung gibt es viele Möglichkeiten. Somit wird in jedem Augenblick die Welt im Geiste neu geschaffen, die Zukunft ist offen, weil der kleinste „Baustein" nicht materiell ist.

Die Quantenphysik hat wenig Hörer gefunden, vielleicht, weil sie zum Ergebnis kommt, dass die Welt nicht mit den wissenschaftlichen Methoden zu **verstehen** ist. Wir verlieren die Objektivierbarkeit von Materie. Es gibt nur noch das Ganze und nicht mehr die Teile, wir verlieren, die Fähigkeit, die einzelnen Dinge zu isolieren, wir verlieren die Materie. Wir können ja auch ein Gedicht nicht verstehen, indem wir die einzelnen Worte isolieren, oder eine Symphonie durch Isolieren einzelner Noten. Sinn und Bedeutung sind erst durch die Beziehungsstruktur des Ganzen gegeben. So ist es auch mit der Wirklichkeit. Wir müssen hinter den Dingen den Gesamtzusammenhang erkennen, um unsere Wirklichkeit zu verstehen. Das wäre Erkenntnis resp. Weisheit, statt Informiertheit. Wir werden schon in den Schulen zum mechanistischen Denken erzogen, zum Sammeln von Datenbänken, zum Speichern von Informationen unverdauter Art. Wir sind eine Informationsgesellschaft und es gilt der als gebildet, der einen raschen Zugriff auf seine großzügig angelegte Gehirndatenbank hat. Weisheit ist aber etwas völlig anderes. Weisheit ist, die Zusammenhänge hinter den Dingen zu erkennen, einzutauchen in den Bereich der Potentialität, der Geistigkeit. Hierzu sind Qualitäten gefragt wie Intuition, Spiritualität, Glaube, Vertrauen, emotionale Vernunft, Zusammenhänge erkennen, Orientierungswissen, Kreativität, Spontaneität etc. Wir sind stattdessen in der westeuropäischen Kultur in der Sackgasse des Materialismus gelandet. Wir kalkulieren und prüfen Dinge, die es gar nicht gibt, wir rennen Werten und Zielen hinterher, die pure Illusion sind. Wir definieren unseren Wert nach unserem gesellschaftlichen Grad von Informiertheit, jagen akademischen Abschlüssen hinterher, oder lassen materiellen Besitz Besitz von uns ergreifen ... und verstehen selbst wenn seelische oder körperliche Erkrankungen wie Warnlampen aufleuchten, noch immer nicht, dass „Geld und Macht nicht glücklich machen kann", weil sie gar keinen eigenen Sinn und keine eigene Bedeutung haben!!!

Die Familiensystemdiagnostik schaut hinter die Dinge, erkennt Gesamtzusammenhänge, ermittelt Sinn und Bedeutung der Objektiven Ausdrucksgestalten, macht das Leben damit zum Gedicht, zur klangvollen Symphonie. Sie führt zur Eröffnung von neuen Möglichkeiten und damit zur Schaffung neuer Realitäten, neuer Lebens-Wirklichkeiten - das sind Veränderungen tiefstliegender Art.
Familiensystemdiagnostik führt nicht nur zu einem sinnvollen Leben jenseits aller Zufälligkeitserklärungen, sondern ermöglicht Willenschulung zu selbstbestimmten Zielen und greift somit weit hinaus und hinüber in andere Dimensionen.
So kommt die Familiensystemdiagnostik mit der soziologischen Methode der Objektiven Hermeneutik, mittels der Geisteswissenschaft genau zum gleichen Ergebnis wie die naturwissenschaftliche Quantenphysik: Das, was wirkt, ist geistigen Ursprungs, das was real wird, ist nur eine Ausdrucksgestalt auf weit gröberen Erlebnisschichten.

Das Resonanzgesetz

Wie kommt es aber nun zur Realisierung, zur Realitätsbildung, zur Schaltung einer Information in Materie? Verlässt man die Bausteintheorie des materialistischen Weltverständnisses, dann kommt man zu dem Ergebnis, dass Sinn und Zweck Realität aufbaut. Es sind zahlreiche naturwissenschaftliche Versuche gemacht worden, die beweisen, dass Realitätsbildung durch Resonanz entsteht. Es geschieht sozusagen ein Zugriff ins All der Möglichkeiten, der zu uns passt, d. h. nach einem best. Energiemuster. Laut dem Physiker Bohm gehen auch Bedeutungen Resonanzen ein. Resonanz zu einer Information zu einem Informationsmuster, die Auswahl einer Möglichkeit zu einem Strukturmuster ist die Geburtsstunde von Wirklichkeit. Real ist allein Energie und Information der Leere, die Welt des Geistes, aus der heraus alles entsteht. Wenn Realität also durch Resonanz entsteht, dann erkennen wir nur das, was wir kennen, dann passiert uns nur das, was zu uns passt, dann erkennt Gleiches Gleiches, denn Gleiches kann nur durch Gleiches erzeugt werden. Es stimmt also durchaus, dass jeder seines Schicksals Schmieds ist und wir das bekommen, was uns dient. Es stimmen ebenso des Volksmunds kluge Worte: „Gleich und Gleich gesellt sich gern" oder auch „Gegensätze (der Medaille Vorder- und Rückseite) ziehen sich an".

Alles ist Teil eines umfassenden Netzwerkes, verbunden durch Bedeutungs- und Bewusstseinsmomente. Das Ganze ergibt sich nicht

durch die Summe der Einzelteile, sondern durch
Variablen wie Sinn, Zweck, Bedeutung. Somit besteht
eine Einheit von Beobachter und Beobachtetem. Das
Gesamt-Muster eines Teppichs entsteht durch den
Zusammenschluss aller Einzelteile und dem Sinn, den
ich dem Muster gebe. Dieses Wirklichkeitsverständnis
ist von überaus großer Tragweite.
Homöopathie „funktioniert" deshalb, weil sie um diese
Wirklichkeiten weiß. Die hochpotenten Mittel, in denen
kein Überbleibsel der Ursprungstinktur mehr
nachweisbar ist, wirken also rein geistig. Die Wahl des
homöopathischen Mittels richtet sich nach dem
Resonanzgesetz: Welches Mittel passt zu wem? Dazu
ist es notwendig, die Thematik der Urtinktur zu kennen
- dementsprechend wird sie konstitutionell verabreicht.
Andreas Krüger, Ausbilder für Homöopathie in Berlin,
hat für die wichtigsten homöopathischen Mittel
prägnante und, nebenbei erwähnt, unterhaltsame
Zusammenfassungen über deren geistige Information
erstellt. Witold Ehrler, Begründer der C4-Homöopathie,
befasst sich ebenfalls mit der Herstellung und dem
geistigen Informationsgehalt von homöopathischen
Mitteln, ebenfalls in Berlin. Auch hier: Geist schafft
Realität und das, nach dem Resonanzgesetz.
Wenn wir in der Lage sind, das zu begreifen, was wir
erleben, wissen wir, was zuvor im Geiste war resp. dann
erfassen wir die geistige Information, die uns ausmacht,
die unsere Wirklichkeit stiftet. Und damit sind wir
wieder bei der Familiensystemdiagnostik, die genau
darauf abzielt, diese persönlichkeitsprägenden
Informationen zu decodieren, damit der fragende
Mensch in seiner tiefenseelischen Prägung begriffen
werden kann. Letztlich geht es darum, das eigene Sein

dem Willen zu unterstellen und nicht unbewusst geprägten Resonanzmustern.

2. Zum Menschenverständnis in der Familiensystemdiagnostik nach Prof. Dr. J. A. Stüttler

Die ontologische Differenz

Man kann das Sein des Menschen unterteilen in sein Da-Sein und sein So-Sein. Was ist Dasein? Was ist Sosein?

3.1. Zum Dasein des Menschen

Unter Dasein versteht man die Tatsache, dass der Mensch überhaupt ist und nicht nicht ist.
Dies mag zunächst trivial klingen, ist aber das eigentlich Wichtige, denn diese Feststellung führt uns zu den existentiellen Fragen:
Woher komme ich? Wozu bin ich überhaupt und wohin gehe ich? Diese Fragen sind letztlich die wichtigsten überhaupt, nur leider dringen in unserer Zeit viele Menschen nicht einmal bis zu diesen Fragen durch.
„Die Krise besteht eigentlich darin, dass wir - und hier meine ich vornehmlich uns in der nördlichen, industrialisierten, so genannten entwickelten Welt – in all der Üppigkeit und all dem Trubel unseres Alltages unter einem Hunger nach Geistigem und Sinnhaftem, einem Gefühl von Verlorensein und Einsamkeit leiden. Mehr noch, dass uns die tiefen Ursachen unserer Frustration eigentlich gar nicht bewusst werden und wir deshalb auch nicht bereit und willig sind, geeignete Nahrung aufzunehmen und `nach Hause` zurückzukehren" (Dürr, S. 32). Die Fragen nach dem tiefen Sinn unseres Daseins werden nicht gestellt und

somit verliert sich so manch einer in den Versuchen, die deutlich wahrgenommene Sinnlosigkeit seines Tuns durch materialistische Kompensationen der Wahrnehmung zu entziehen.

Prof. Dr. Stüttler fragte uns Studentinnen/Studenten oftmals provokant: „Was hat Leben denn schon an Sinn zu bieten, wenn der Mensch – statistisch gesehen – die Hälfte seines Lebens verschläft, sich zu 45 % rumärgert und im Höchstfall zu 5 % einen Zustand der Zufriedenheit erreicht. Einen großen Anteil seiner Lebenszeit verbringt der Mensch damit, auf die Anweisungen anderer hin zu handeln. Aus sich heraus handelt der Mensch recht selten – ergo: wir werden gelebt!"

Wenn der Mensch aber nicht zufrieden ist mit dem Gelebtwerden, sondern denkend nach dem Sinn des Lebens sucht, so ist es Aufgabe der Familiensystemdiagnostik antwortende Hilfestellungen zu geben. Camus, französischer Existenzialist, umschreibt diesen „sonderbaren Seelenzustand" wie folgt: Das erste Anzeichen des Absurden ist ein „sonderbarer Seelenzustand ... in dem die Leere beredt wird, die Kette alltäglicher Gebärden zerrissen ist und das Herz vergeblich das Glied sucht, das sie wieder zusammenfügt. ... Dann stürzen die Kulissen ein. Aufstehen, Straßenbahn, vier Stunden Büro oder Fabrik, Essen, Straßenbahn, vier Stunden Arbeit, Essen, Schlafen, Montag, Dienstag, Mittwoch, Donnerstag, Freitag, Samstag, immer derselbe Rhythmus – das ist sehr lange ein bequemer Weg. Eines Tages aber steht das Warum da, und mit diesem Überdruss, in den sich Erstaunen mischt, fängt alles an." (Camus, 1988, S. 16)

Die existentiellen Fragen des Menschen sind zunächst und zumeist die nach seiner Zeitlichkeit, aber auch Fragen nach dem Wesen des Menschen, nach dem Sinn von Schmerz und Leiden u. ä.. Der Mensch erfährt nicht nur seine faktische vielfältige Begrenztheit, sondern „auch das Nicht-aus-sich-selbst-Sein... also sein Geschaffen-Sein, worin zweifelsohne auch die wissenschaftliche Uneinholbarkeit der menschlichen Vergangenheit zum Ausdruck kommt" (Stüttler, S. 30). Man kann feststellen, dass aufgrund der heutigen Weltentwicklung eine wachsende Sensibilisierung des Menschen für seine ihn bewegenden Grundfragen zu beobachten ist. „Praktischer Materialismus, der Druck der Verelendung, Flucht in innerweltliche Selbstbefreiungshoffnungen des Menschen, ja sogar Resignation u. a. vermögen das zunehmende Drängen und Suchen des Menschen nach Antworten auf seine existentiellen Fragen nicht zu verdrängen" (a.a.O., S. 29). Daseinsfragen sind die Fragen einer modernen kritischen Philosophie. So formuliert Martin Heidegger, dass der Mensch sich erfährt als „in den Tod geworfen" und als in das Nichts hineingeworfen. Was ängstigt ist also nichts bestimmtes in der Welt. „Das Wovor der Angst ist das In-der-Welt-sein als solches" (Heidegger, S. 186) Es ist die Befindlichkeit der Angst, die dem Dasein ursprünglich und eindringlich seine Geworfenheit in den Tod enthüllt. Sie enthüllt dem Dasein, das es „als geworfenes Sein zu seinem Ende existiert" (a.a.O., S. 251). Nach Heidegger ist das Sein des Menschen ein entwerfendes, d. h. Dasein ist, solange es ist, entwerfend, da es sich immer schon aus Möglichkeiten versteht. „Der Entwurf ist die existenziale Seinverfassung des Spielraums des faktischen Seinkönnens" (ebd., S. 145). Aufgrund dieses faktischen Seinkönnens kann Heidegger formulieren: „Werde, was du bist „ (ebd., S. 145), denn durch den Entwurfscharakter ist das Dasein, was es wird, resp. nicht wird.

Zusammenfassend ist demnach zu sagen: Die Seinsweise des Menschen ist zu unterscheiden in sein Dasein und sein Sosein. Dem Dasein kommt eine Gewichtung zu, was zur wichtigen Folge hat, dass das Dasein nicht gegen das Sosein ausgespielt werden darf. Das Dasein eines Menschen darf also nicht aufgrund seines Soseins aufgehoben werden. Dies betrifft die ganzen Bereiche von Euthanasie, Abtreibung u. ä.. Zudem ergeben sich aus der Gewichtung von Dasein und Sosein die existentiellen Fragen, ohne deren Beantwortung der Mensch, ist er denn einmal bis zu diesen Fragen vorgedrungen, nicht sinnvoll leben kann. „Erst, wenn durch den Gedanken an den Tod die Erschütterung des Daseins eintritt, ist die Existenz wach geworden" (Jaspers 1988, S. 165). Kann Familiensystemdiagnostik die existentiellen Fragen beantworten? Sie kann und wird den fragenden Menschen genau an die Grenze der Erkennbarkeit führen. Mit ihrer rekonstruktiven Technik bringt sie Sinn in das Sosein des Menschen und führt - konsequent weitergedacht - zu Antwortangeboten, die den Sinn seines Daseins betreffen. Das ist Lebenshilfe durch sinnvolles ursächliches Verstehen. Familiensystemdiagnostik führt zu einem Glaubensverständnis, das jenseits jedes dogmatischen Glaubens zu finden ist, sie führt uns zu unserer eigenen Geistigkeit und Schöpferkraft, führt zu den Inhalten des

Neuen Testamentes und nicht etwa in energetische Experimentierfelder!!! Die Familiensystemdiagnostik führt mit ihren wissenschaftlichen Erkenntniswegen auf rational logischem Weg zu der Ein-Sicht, dass der kritische Mensch auf den Glauben verwiesen ist, lehnt er diesen ab, dann bleibt ihm kein Grund für eine sinnvolle Existenz. „Vergibt der Mensch die Chance des Glaubens, dann bleibt er entweder in der vorkritischen Phase seiner Daseins-Einholung hängen, oder er bläht durchaus unkritisch Pseudowissenschaft oder sonstige wissenschaftliche Hilfskonstruktionen zu angeblicher Wissenschaft auf oder er setzt sich selbst als kritischer Mensch dem Kreisgang des Sisyphos aus. Die kreisenden Leerläufe der französischen Existentialisten sind typische Beispiele einer solchen glaubenslosen Kritik" (Stüttler, S. 67). Ohne Rückbindung an seinen Ursprung bleibt das Leben radikal widersprüchlich, der Mensch gefangen in seiner dumpfen Orgie von Zynismus, Ironie, Brutalität, Kompromiss der Glorifizierung seiner Identität als Teil der Masse, seinem Hass auf jedes Anderssein. Lässt sich der Mensch nun mit Hilfe der Familiensystemdiagnostik an die Notwendigkeit und die Logik seiner geistigen Wurzeln heranführen, „wird ihn die stets und mannigfaltig erfahrbare Gebrochenheit nicht zur Verzweiflung treiben, nicht zur Absurdität enteignen. Er wird auch nicht die Sinnlosigkeit des Daseins schlechthin durch einen dialektischen Klimmzug als sinnhaft werten, sondern der Mensch wird glaubend die Gebrechlichkeit des Seienden, insbesondere seiner selbst, einholen, sein So-sein in all seiner Unzulänglichkeit (verstehen) und unbelastet und frei existieren" (a.a.O., S. 72, 73).

3.2 Zum Sosein des Menschen

Wenn die Daseinsdimension des Menschen sein Um und Auf ist, dann ist es eine Notwendigkeit, sein So-Sein vom Dasein her zu verstehen. Noch mal: Sein Sosein ist bedingt durch sein Dasein, also auch von daher zu verstehen. Aus der Geworfenheit ins Dasein ist das Menschenverständnis zu entwickeln. Folgende Existenzialien betreffen das Sein des Menschen als Menschen und kommen ihm als solchem zu.

3.2.1 Der Mensch ist ein geschichtlich Seiender

Mit Karl Jaspers stellt die Familiensystemdiagnostik fest, dass Menschsein Menschwerden ist (vgl. Jaspers, 1974, S. 19). Niemals lässt sich die Bilanz eines Menschen ziehen. Auch eine Familiensystemdiagnostik ist „nur" ein Einblick in diesen Seins-Prozess, eine Momentaufnahme einer Struktur, die meist lange wirksam war und sich zumeist – empirisch betrachtet - auch nicht sprungartig ändern wird, sich aber tatsächlich sprungartig ändern könnte. Der Mensch ist ein geschichtlich Seiender, d. h. er hat Vergangenheit und spekuliert mit der Zukunft. Es ist das Verdienst von Prof. Dr. J. A. Stüttler, die geschichtlichkeitsrechtliche Begründung in der Philosophie zugrunde gelegt zu haben. Stüttler geht nicht von einer abstrakten „natura humana" aus, sondern von dem konkreten Menschen, so und wie er ist. Den Menschen schlechthin gibt es nicht. Der „bleibt ein abstrakter Begriff, das Abziehbild einer unendlichen Reduktion. Der g a n z e Mensch ist immer der k o n k r e t e Mensch" (Rössner, S. 23). Der konkrete Mensch hat keine Persönlichkeitsstruktur mit Ewigkeitswert, sondern seine Persönlichkeit unterliegt einer geschichtlichen Entwicklung. Er muss sich vor allem erst zu dem machen, was er ist. Existenz ist kein unveränderliches Sein, sondern ihrem Wesen nach an Zeit und Zeitlichkeit gebunden. Sie ist In-der-Zeit-Sein. Indem ich mich gegenwärtig auf meine Ziele hin entwerfe, nehme ich die Vergangenheit mit mir und entscheide durch das Handeln über ihre Bedeutung. Zeitlichkeit ist das Grundgeschehen des menschlichen Daseins. So versteht Heidegger unter Zeitlichkeit die gewesend-gegenwärtigende Zukunft als einheitliches Phänomen. „Das Sich-vorweg gründet in der Zukunft. Das Schon-sein in ... bekundet in sich die Gewesenheit. Das Sein-bei ... wird ermöglicht im Gegenwärtigen (Heidegger, S. 327). Diese drei Momente machen die spezifische Zeitlichkeit des Menschen aus.

Die Familiensystemdiagnostik gründet auf der fundamentalen existentialistischen Bedeutung der Zeitlichkeit des Menschen. Ein Mensch kann überhaupt nur verstanden werden, wenn man ihn unter den Parametern seiner Geschichtlichkeit verortet. Sowohl der äußere zeitliche Rahmen, in den ein Mensch „hineingeworfen" wird, als auch der persönliche geschichtliche Rahmen einer Familie, in der ein Mensch sich wieder findet, determinieren sein Sein.

3.2.2 Der Mensch in seiner Dreidimensionalität

Der Mensch ist ein dreidimensional Seiender in dem Sinne, dass er konstituiert ist durch seine Individualität, seine Sozialität und seine Naturalität. Diese seinsmäßige Erschließung des Menschen als Menschen in seiner Dreidimensionalität führt konsequent zu einem dreidimensionalen Verständnis von Freiheit und Verantwortung.

In meinem Sein geht es fortwährend um meine Freiheit: „Ich bin nämlich ein Daseiendes, das seine Freiheit mittels seiner Akte erfährt; aber ich bin auch ein Daseiendes, dessen individuelle und einmalige Existenz sich als Freiheit zeitigt" (Sartre 1989, S. 559). So treffen die folgenden Aussagen Sartres stets denselben Tatbestand: Die Aussage, dass das Für-sich zu sein hat, was es ist, die Aussage, dass es ist, was es nicht ist, indem es nicht ist, was es ist, die Aussage, dass in ihm das Dasein dem Wesen vorausgeht und es bedingt, oder dass umgekehrt, gemäß dem Worte Hegels, für es `Wesen ist, was gewesen ist`, betrifft ein und denselben Tatbestand, den nämlich, dass der Mensch frei ist (a.a.O., S. 559). Da wir nicht die Freiheit haben, aufzuhören, frei zu sein, sind wir dazu verurteilt, frei zu sein; wir sind „als eine Unendlichkeit von Möglichkeiten zum Freisein verdammt" (ebd., S. 189).Daher kann die „Ableugnung der Freiheit nur als der Versuch verstanden werden, sich als An-sich-Sein aufzufassen" (ebd., S. 560). Aber diese Versuche müssen kläglich scheitern, denn plötzlich wird die Angst vor der Freiheit auftauchen. Dadurch wird dann sichtbar, dass „die Freiheit in ihrem Grunde mit dem Nichts zusammenfällt, das im Menschen drinsteckt" (ebd., S. 561). So versucht Sartre die Freiheit des Menschen in seiner „mangelhaften" menschlichen Realität zu begründen; der Mensch sei sich selbst nicht genug, er sei nur „Anwesenheit bei sich selbst". Daher rührt auch eine der Kernaussagen Sartres, dass der Mensch sich machen müsse, anstatt zu sein. Die Bedingung meiner Freiheit ist meine Endlichkeit, die es notwendig macht, ständig Wahlen zu treffen, hätte ich aber keine Wahl zu treffen, wäre ich nicht frei; so gibt es „ohne Wahl keine Freiheit" (ebd., S. 428). Diese „Zufälligkeit zwischen der Notwendigkeit und der Freiheit meiner Wahl" (ebd., S. 414) nennt Sartre Sinn. So lässt Sartre in seinem Drama „Die Fliegen" Orest zu Jupiter sagen: „Ich bin weder Herr noch Knecht, Jupiter, ich BIN meine Freiheit! Kaum hast du mich erschaffen, so habe ich auch schon aufgehört, dein eigen zu sein" (Sartre 1988, S. 70). „Ich bin dazu verurteilt, kein anderes Gesetz zu haben als mein eigenes ... . Denn ich bin ein Mensch, Jupiter, und jeder Mensch muss seinen Weg erfinden" (a.a.O., S. 71). Je mehr wir unsere eigene Freiheit empfinden, umso mehr erkennen wir die Freiheit des Anderen an; je mehr er von uns verlangt, um so mehr verlangen wir von ihm. Nur der Freie vermag die Verantwortung für seine Welt, und das besagt für seine Mitmenschen, zu tragen. Wer nicht bereit ist, sich einzusetzen, sich zu etwas zu verpflichten, der ist nicht frei, sondern einfach bindungslos und das Leben ohne Bindungen ist wurzellos. Das Über-den-Sachen stehen erweist sich plötzlich als ein Mangel und wenn dann die Freiheit in einer Menschenseele aufgebrochen ist, können die Götter nichts mehr gegen diesen Menschen. Dies ist wohl eine der Kernaussagen von Sartres Drama „Die

Fliegen". Der Freie hat keine Angst mehr vor Autorität,
denn Freiheit hat nichts mit äußerer Macht zu tun. Man
kann sehr wohl gefangen sein, ja sogar gekreuzigt
werden und doch noch seine Freiheit nicht aufgeben.
Was unsere Tat ist, das hängt davon ab, was wir aus ihr
machen, wie wir uns zu ihr stellen, wie wir sie in unser
Leben eingliedern oder nicht. Wer seine Taten durch die
Anderen deuten lässt, der verleugnet nicht nur die Tat,
sondern sein eigenes Leben, denn sein Leben, das sind
ja seine Taten. Die Familiensystemdiagnostik macht in
ihren Analysen genau mit dieser Tatsache ernst, dass
wir das Leben eines Menschen erfassen, wenn wir die
Auswahl seiner getroffenen Möglichkeiten
rekonstruieren. Diese Auswahl getroffener
Möglichkeiten erweist sich als Realitätsschaffung mit
System. Es wird ein Entscheidungsmuster erkennbar.
Dieses Entscheidungsmuster ermöglicht uns
Rückschlüsse auf unsere ursächlichen
seelischen/psyschichen Beweggründe. Somit erfasst die
Familiensystemdiagnostik das Leben eines Menschen
seinsmäßig in seiner Einzigartigkeit. Des Menschen
Autonomie bildet sich genau unter der Bedingung der
Freiheit des Menschen und der Notwendigkeit, sich
entscheiden zu müssen. Oevermann formuliert das so:
Die Autonomie des Menschen ist die widersprüchliche
Einheit von Entscheidungszwang und
Begründungsverpflichtung.
Solange ich keinen selbstgewählten Weg habe, bin ich
nicht frei, - ich bin streng genommen gar nicht. Gewiss,
ich lebe, aber ich existiere nicht" (Biemel, S. 40). Die
Menschen sind frei, aber sie wissen es nicht – dieser
Ausspruch Jupiters könnte als Ausspruch für Sartres
Existentialismus genommen werden und ebenso gut für

die Familiensystemdiagnostik. Den Menschen das Bewusstsein ihrer Freiheit zu geben, sie damit zu belasten und zu befreien, das wird eines der Hauptanliegen der Familiensystemdiagnostik sein. So lässt der Regisseur des mitreißenden Filmes Braveheart den Vater des späteren schottischen Freihheitskämpfers William Wallace sagen: „Dein Herz ist frei, habe Mut ihm zu folgen".

3.2.2.1 Zur Individualität des Menschen

Die Individualität ist – biologisch gesehen – im Gencode begründet. Sprachphilosophisch begründet sich die Individualität in der je bei einem Begriff nicht mehr mitteilbaren/vermittelbaren Inhaltlichkeit. Heidegger erfasst die Individualität des Menschen in dem Terminus der „Jemeinigkeit", verstanden als das „ich", das das Bleibende im Sich-ändernden ist. Dem Menschen in seiner Individualität gerecht werden heißt, ihn als eine einzigartige Persönlichkeit in seiner nicht-mitteilbaren Besonderheit, mit je eigenem Gewissen zu verstehen. Der Mensch i s t Individualität. Hieraus erwächst die besondere Achtung, die einem jedem Menschen zukommt, in seiner individuellen Erschaffenheit.

Der Individualität eines Menschen gerecht werden heißt in der Familiensystemdiagnostik, ihn in seiner spezifischen, einmaligen geschichtlichen Lebenssituation zu verstehen. Die Familiensystemdiagnostik, die mittels der objektiven Hermeneutik auf eine rekonstruktive wissenschaftliche Methode zurückgreift, um zu Erkenntnissen zu gelangen, behandelt den Menschen nicht als Gegenstand, den man subsumtionslogisch erfassen könnte. Der Mensch ist nicht in Kategorien zu pferchen, in denen man genau die Unterschiedlichkeit zu anderen weg nivelliert. Es ist dem Menschen als Menschen nicht gerecht, wenn man dann die Schublade aufzieht, in die man ihn zuvor gesteckt hat, um allgemeine Ratschläge herauszukramen, die man ihm dann überstülpt ... und wehe, er fügt sich nicht den „Man-Hilfen", dann stutzen die sog. Helfer ihn zurecht!

In der Familiensystemdiagnostik geht es genau um die individuellen Unterschiede, denn nur wenn wir den Menschen in seiner Besonderheit verstehen, können wir ihm gerecht werden und eröffnen damit allererst die Möglichkeit von echter Lebenshilfe. In unser Zeit und unserer Kultur scheint es allerdings vielerorts zu einem arg verschrobenen Verständnis von Individualität gekommen zu sein. Einerseits nivelliert man Unterschiedlichkeiten aus, „zu Gunsten" der Allgemeinheit, andererseits überbetonen wir individuelle Bedürfnisse auf Kosten von Sozialität. Was hiermit gemeint ist zeigt sich z. B. an manchen Namensschildern einiger Häuser. „Hier wohnen ...." und dann werden sämtliche Namen aller Familienmitglieder genannt, anstatt gerade die Sozialität von Familie zum Tragen zu bringen, in dem man den Familiennamen anführt. Noch vor ca. 50 Jahren und auch mancherorts heute noch gab resp. gibt es die sog. Hausnamen. Die Gemeinschaft als Gemeinschaft stand im Vordergrund und verkörperte nach außen Einheit und Obhut für die einzelnen Familienmitglieder. Es gab Familienregeln und eine Familienehre, die es zu wahren galt. Dieser Halt durch soziale Kontrolle war die erste und wichtigste Handlungsmaxime für den Einzelnen. Heute betonen wir den Einzelnen und vereinzeln ihn damit. Gleichzeitig geht diese Vereinzelung konsequent auf Kosten der Gemeinschaft. Dieselbe Überbetonung von Individualität finden wir beim

Besprechen von Anrufbeantwortern oder den „Muttitaxis", die anhand von Abziehbildern die Beförderung der einzelnen Personen benennen.

Wenn aber unsere Familien die Sozialität ihrer Mitglieder negieren, wo kommt dann die Sozialität des Menschen zum Tragen? Dorfgemeinschaften und religiöse Gemeinschaften scheinen bereits vor den Familien dem Untergang gewiehen.

M. E. drückt die Überbetonung der Individualität eine seelische Bedürftigkeit aus, die über soziale Zwänge hinwegtäuschen soll.

Nebenbei sei erwähnt, dass nicht nur das alte Rom am überzogenen Individualismus untergegangen ist, sondern alle Kulturen darin ihr Ende fanden. Wenn auch das abendländische neuzeitliche Menschenverständnis nicht auf die anthropologische Wende verzichten konnte, es also von einer kosmozentrischen Philosophie, in der der Mensch als Teil des Gesamten verstanden wurde, zu einer anthropozentrischen Philosophie kam, in der der Mensch zum Nabel der Welt wurde, so darf man nicht verkennen, zu welchen Entwicklungen die Überbetonung menschlicher Individualität führen kann.

3.2.2.2 Zur Sozialität des Menschen

Der Mensch ist Individualität, aber er ist kein in sich abgeschlossenes, sondern wesenhaft auf die Gemeinschaft bezogenes Seiendes, er i s t Sozialität. Laut Heidegger ist die Welt des Daseins Mit-welt. „Das In-sein ist Mit-sein mit Anderen" (Heidegger 1986, S118). Und zwar auch dann, wenn ein anderer faktisch nicht vorhanden und wahrgenommen wird, denn das Mit-sein bestimmt existential das Dasein (vgl. a.a.O., S. 120). Keiner ist **der Mensch** schlechthin. „Die Natur meines Körpers weist mich ... auf die Existenz anderer hin und auf mein Für-andere-sein" (Sartre 1989, S.295). In meinem wesenhaften Sein hänge ich vom wesenhaften Sein des Anderen ab, das für mein Sein als eine notwendige Bedingung erscheint, denn „der Weg zur Innerweltlichkeit geht durch den Anderen" (a.a.O., S. 318). Es ist nicht so, dass der Mensch zuerst allein existiert und dann auf die Mitmenschen stößt, sondern von Beginn an bewegt er sich im Bereich des Mitmenschlichen.

Die Sozialität des Menschen wird vielfach zur Funktion degradiert. Dann kommt es zu solchen philosophischen Konstruktionen wie im Deutschen Idealismus: Das Ich wird am Du zum Ich, indem das Ich sich ein Nicht-ich gegenübersetzt und dieses Nicht-ich wird dann notwendiger weise vom Ich adaptiert. Ich werde also durch das Du zum Ich. Dieses Verständnis ist verkappter Individualismus, weil es Menschen instrumentalisiert und zur Funktion degradiert. Es wird hierbei nicht verstanden, dass der Mensch aufgrund seines

Menschseins Sozialität i s t und nicht etwa nur
Sozialität hat. Das ist ein wesentlicher Unterschied.
Negiert man die Sozialität eines Menschen oder
versteht diese ausschließlich funktional, dann wird
man ihm nicht gerecht. Überbewertet man seine
Sozialität, so wie das in der mittelalterlichen Epoche
der Fall war, dann wird der Mensch ebenso in
seinem Sein verkürzt, er wird den allgemeinen
Interessen untergeordnet.

Unsere Sozialität kommt – trotz aller Belastungen –
am besten in der Familie zur Entfaltung, da Familie
eine Gruppe ganz besonderer Art ist. Hier wird der
Mensch nicht nur unter einem bestimmten
Leistungsanspruch akzeptiert, sondern hier darf er
sein; einfach weil er da ist, wird er emotional
eingebunden in verlässliche Beziehungen. Da
Emotionalität als das konstitutive Moment von Ehe
und Familie gilt, ist sie gleicherweise das zentrale
Stabilitätsmoment und einer der wesentlichen
Ursachen familialer Instabilität. Beides spielt für die
Selbstidentität der Mitglieder eine große Rolle. Seit
geraumer Zeit hat sich die Betrachtung und
Bewertung der Familie ausschließlich nach ihren
Funktionen und nach ihrer Funktionalität resp.
Disfunktionalität verbreitet. Gegen eine solche
Sichtweise, die dem hier zugrunde liegenden
Menschenverständnis völlig widerspricht, ist
weiterhin zu sagen: Familie und Familienleben sind
mehr als eine Kombination von Funktionen.
Grundlage aller Aufgaben und einer guten
Aufgabenerfüllung sind die personalen,
tiefenseelischen Beziehungen und Bindungen ihrer

Mitglieder aneinander, die die Familie zu einer Gruppe eigener Art machen. Menschliche Qualitäten wie z. B. Liebe, Zuverlässigkeit, Geduld, Opferbereitschaft, Geborgenheit u. a. m. sind typische Elemente des Beziehungsgefüges in der Familie, werden von Funktionalisten jedoch nicht als Maßstab gewertet. Aufgabe der Familie ist es nicht, ihre Mitglieder zu nützlichen Gliedern der Gesellschaft heranzuziehen, sondern deren einmalige, eigenständige Persönlichkeit sowie ihre Kraft, persönlich zu lieben und sich sozial zu entfalten, herauszubilden. Geschieht dies, so leistet die Familie den besten, den einzig möglichen Beitrag zur Entstehung einer Gesellschaft, die sich nicht auf Interessen und Funktionen, sondern auf soziale Bindungen und Personen gründet. Und weil Familie eine Gruppe ganz besonderer Art ist, eine totale Gruppe in dem Sinne, dass sie den Menschen als Ganzen zur Entfaltung bringen kann und ihn in seiner Ganzheit bestimmt, ist sie die Gruppe, die für eine soziale Diagnostik am aufschlussreichsten ist, will man etwas über das Sein eines Menschen erfahren. Es versteht sich von selbst, dass somit die Familiensystemdiagnostik den Menschen in seiner sozialen Existenzialität versteht und ihn genau nicht auf seine Funktionalität verkürzt. Sie bringt die existentialen Dimensionen des Menschseins schlechthin zum Tragen, deshalb kommt sie in ihrer Forschung auch zu fundierten anthropologischen Ergebnissen.

3.2.2.3 Zur Naturalität des Menschen

Der Mensch ist zudem auch Naturalität, d. h. er i s t Raum und Zeit; er ist ein in Raum und Zeit lebendes Seiendes. Das Dasein findet sich immer schon an einem bestimmten, unverwechselbaren, seinem Wollen entzogenen Ort vor, es ist geworfen in sein Da und hat selbst ein eigenes „Im-Raum-sein". Eben dieses ist erst möglich auf dem Grunde des In-der-Welt-seins überhaupt. Prof. Dr. Stüttler erklärte uns Studentinnen/Studenten in diesem Zusammenhange scherzhaft, dass einige Menschen mehr, andere weniger Raum verdrängen. Gemeint ist v. a., dass ich nicht hier bin und mir gegenüber ist die Welt, sondern ich bin Welt. Der Terminus „Umwelt" ist Ausdruck eines Welt- und Menschenverständnisses, das im Funktionalismus hängen geblieben ist. Für den existentiellen Denker ist dies ein Unwort schlechthin, das zu den diesbezüglichen heutigen Desastern geführt hat. Im existentiellen Verständnis von menschlicher Naturalität treffen sich die Aussagen der neuen Physik (Quantenphysik) und die anthroposophische Sichtweise eines Rudolf Steiners, der den Menschen als beseelten Kosmos versteht und der Welten Raum und Zeit in geisteswissenschaftlichen Grund-Folge-Beziehungen erschließt.

In der Familiensystemdiagnostik lässt sich auf der Grundlage der Naturalität eines Menschen der Kreis schließen, der wieder zu den oben genannten existentiellen Fragen führt.

4. Zur Theorie und Praxis der Familiensystemdiagnostik - Einblick in ein Fallbeispiel

Die Familiensystemdiagnostik rekonstruiert mittels der sog. Objektiven Hermeneutik (griech. „Deutung") Familiengeschichten, d. h. genau genommen, sie rekonstruiert aufgrund Objektiver Daten, die recherchiert werden können, Entscheidungsmuster, die in Familien wirksam und damit zur Handlungsgrundlage einzelner Familienmitglieder werden. Diese Entscheidungsmuster sind aber zum größten Teil nicht bewusst und deshalb spricht man in der Objektiven Hermeneutik von latenten Sinnstrukturen. Diese latenten Sinnstrukturen sind in der Familiensystemdiagnostik Gegenstand der Untersuchung, sie zu ermitteln ist Sinn und Zweck der Analyse. Hinter den offensichtlichen Familienthemen gibt es also latente, verdeckte, unerkannte Wirksamkeiten, die deshalb so bedeutsam sind, weil sie erkannt werden wollen. Dieser Effekt ist uns aus vielen Lebensbereichen bekannt: Will man eine Sache verharmlosen, wird sie immer schlimmer, redet man eine Angelegenheit klein, wächst sie, möchte man bestimmte Dinge vermeiden, kommen sie geradewegs auf einen zu. Drängen wir Erlebnisse ins Unterbewusstsein, um ihnen die Macht zu entziehen, werden sie zur mächtigsten Triebfeder unseres Lebens. Gehe ich über einen Schnupfen achtlos hinweg, wird sich das Entzündungsgeschehen verschlimmern. Über das, was sozusagen verhüllt oder verschleiert auf uns wirkt, ja, über das, was unser Leben letztlich steuert etwas in Erfahrung zu bringen, ist für jeden

Menschen interessant, denn jeder möchte gerne mehr über sich wissen, damit er sein Leben bewusst gestalten kann und seine Probleme an der Wurzel gepackt bekommt. Selbst der, der sein Leben jederzeit im Griff zu haben scheint, kennt das Gefühl, an sich selbst vorbei zu laufen. Umso besser er funktioniert, um so mehr wird er spüren, dass das nicht alles sein kann ... und die Unzufriedenheit wächst mit dem vermeintlichen Erfolg mit. Je reicher dieser Mensch wird, umso mehr wird er erkennen, dass er die Befriedigung seiner wahren Sehnsüchte nicht erkaufen kann. Unser Dasein und Sosein ist eben mehr als ein **zufälliges** Geworfensein. Es hat einen viel tieferen Sinn und diesen gilt es zu erkennen. Für jeden ist die Erschließung seines Soseins auf der ursachenverstehenden Ebene also äußerst wichtig und aufschlussreich. Aber für diejenigen, die sich professionell mit der Krisenlösung anderer beschäftigen, ist eine höchstpersönliche Diagnostik eine ethische Verpflichtung!!! Es stünde jedem Dienstleister im sog. helfenden Bereich gut an, einen Menschen in seiner Tiefe zu verstehen. Nur eine gute Diagnostik führt zu Lebenshilfe. Diese ständigen Ratereien von sogenannten Helfern und Helferinnen im Sozialen Bereich, die dann als prozesshafte Diagnose verkauft werden, gehen ausschließlich auf Kosten der sog. Klienten und verschlimmern in aller Regel deren Situation. Wie viele Helferinnen und Helfer befinden sich selbst in tiefen seelischen Verstrickungen und sind im sozialen und psychosozialen oder therapeutischen Bereich tätig, weil sie hier ihre Retterimpulse ausleben, die leider auch ein Aspekt von missbräuchlichen Strukturen sein können. Ohne dies böswillig zu initiieren, wird eine asymmetrische Beziehung, wie sie zwischen Helferin/Helfer und Klient aufgrund des Arbeitskontraktes unvermeidlich scheint, zur Beziehungsfalle für den Klienten. Die Helferin/der Helfer fühlt sich stark und gut am „oberen Ende" der asymmetrischen Beziehung, meist deshalb, weil sie/er allzu gut das „untere Ende" kennt und dies um jeden Preis vermeiden möchte. Das hat aber konsequent zur Folge, dass der sog. Klient immer weiter klientelisiert und mindestens unbewusst in schwächender Abhängigkeit gehalten wird. Dem sog. Helfer/Helferin gelingt es so, eigene Unzulänglichkeiten zu kompensieren. Diesem Teufelskreis kann man nur mit einer objektiven Diagnostik entkommen und aus eigener langer Beratungserfahrung kann ich sagen, dass es daran sehr mangelt.

Mit einer Familiensystemdiagnostik können derartige Verwicklungen aufgezeigt und gelöst werden und das sowohl zum Wohle der Helferin/des Helfers, als auch zum Wohle des sog. Klienten.

4.1 Was benötigt die Familiensystemdiagnostik?

Sie benötigt objektive Daten, das heißt konkret Angaben zur Geburt, Schullaufbahn, Heiratsdatum, Wohnort, Beruf, besondere biographische Ereignisse, Todesdatum, und das von möglichst vielen Personen des Stammbaumes. Günstigerweise beginnt eine Familiensystemdiagnostik bei der Geburt der Urgroßeltern. Ein ausführlicher Stammbaum wäre der Idealfall, aber dieser ist durchaus nicht Voraussetzung. Alleine schon mit den Daten, die man in Pfarrämtern anfragen oder in Standesämtern einsehen kann, lässt sich eine fundierte Familiensystemdiagnostik erstellen. Ein Mehr an Daten vereinfacht oftmals die Analysearbeit, ein Weniger an Daten beeinträchtigt aber nicht die methodische Vorgehensweise. Nun denken Sie vielleicht, was kann man schon an Tiefsinnigem aus Daten entnehmen, die – etwas lapidar gesagt – in jedem Telefonbuch stehen. Nun, mit dem Schlüssel der Objektiven Hermeneutik haben wir ein methodisches Werkzeug, das diese Daten zu verstehen vermag. Eines der wichtigsten und entscheidendsten Merkmale der Analyse ist die chronologische Vorgehensweise. Das heißt, wir beginnen mit dem ältesten Datum und arbeiten uns chronologisch fortschreitend in die Gegenwart vor.

Im folgenden sollen Ausschnitte einer Familiensystemdiagnostik veranschaulichen, was theoretisch beschrieben wird.

In unserem Fallbeispiel ist das älteste Datum die Geburt von Ferdinand, der im Mai 1880 in einem kleinen Dorf, gelegen in der deutschen Eifel, einem Mittelgebirge zwischen Bitburg und Euskirchen, das ausnahmslos ländlich strukturiert war, geboren wurde.

4.2 Die Sequenzanalyse

Mit dem ältesten Datum benötigen wir auch den Ort des Geschehens, um dann eine „Bühne" zu errichten, auf der sich unsere Geschichte abspielt. Wir müssen also eintauchen in den Ort und in die Zeit, die uns durch die Daten angegeben werden. Um so ausführlicher wir das tun, um so besser. Wissenslücken müssen hier unbedingt durch entsprechende Recherchen gefüllt werden. Warum ist das so wichtig? Je detaillierter wir die Wirklichkeit eines Menschen erfassen, umso leichter lassen sich seine objektiven Handlungsmöglichkeiten erkennen. Die erste Sequenz einer Analyse, und das ist der Handlungsrahmen des ersten Datums, eröffnet regelgeleitete Anschlussmöglichkeiten. Diese Anschlussmöglichkeiten gilt es zu erarbeiten. Dabei müssen alle wahrscheinlichen und unwahrscheinlichen Varianten berücksichtigt werden. Das macht den Anfang einer Familiensystemdiagnostik sehr umfangreich und arbeitsintensiv. Aber diese Arbeitsintensität lohnt sich. Je mehr Handlungsmöglichkeiten wir auftun, umso deutlicher werden die Konturen der Szenerie, umso näher kommen wir dem Leben der Menschen und können uns in ihre Situation hinein denken. Im Alltag gehen wir umgekehrt vor. Dort sind wir i. d. R. darauf angewiesen uns möglichst schnell einen Reim auf die vorgefundene Situation zu machen, damit wir im Handlungsfluss bleiben. In der Familiensystemdiagnostik brauchen wir alle möglichen regelgeleiteten Anschlussmöglichkeiten, sog. Lesarten, damit wir im Verlaufe der Analyse – so sagt Prof. Dr. Oevermann – möglichst erfolgreich scheitern. Im Laufe der Geschichte weiß man dann genauestens Bescheid, wie es auf keinen Fall gewesen sein kann und das ist ungeheuer hilfreich, denn wir erarbeiten genau so die alternativen Handlungsmöglichkeiten, die späterhin als Lösungswege aus aktuellen Sackgassen des sog. Klienten hinausweisen. In der Objektiven Hermeneutik

nennt man diese Phase der Sequenzanalyse Parameter I. Ja, wir haben es mit der Eröffnung einer Handlungssequenz zu tun, mit deren ersten Teil. Der zweite Teil der Handlungsfrequenz bezeichnet man als Parameter II. Parameter II ist das Erfassen der tatsächlichen Entscheidung und das Ziehen von entsprechenden Rückschlüssen. Wir stellen also während dieser Phase der Arbeit die Fragen: Warum ist dieses oder jenes geschehen, warum hat er/sie das getan? Welche Folgen hat diese Entscheidung, welche Rückschlüsse auf innerpsychische und soziale Strukturierung müssen wir ziehen? Die Analyse schlängelt sich also jeweils durch diese zwei Parameter: Parameter I ist die gedankenexperimentelle Explikation objektiver Möglichkeiten, Parameter II ist die tatsächliche Entscheidung. Als kurzes Beispiel sei folgende vorgefundene Wirklichkeit genannt:
Ich sitze in einem Zugabteil und ein Fahrgast steigt hinzu. Ich grüße den Zusteigenden. Diese Situation kennzeichnet den ersten Teil einer Sequenz und eröffnet zwei konkurrierende Möglichkeiten. Der Gegrüßte kann zurück grüßen oder aber er grüßt nicht zurück. In der Tat, gibt es in diesem überschaubaren Wirklichkeitssequenzchen nur diese beiden Möglichkeiten. Aber auch bei schwierigeren Sachverhalten sollten wir beachten, als erstes die konkurrierenden Lesarten (also Möglichkeiten) herauszuarbeiten, das erleichtert die Arbeit und macht sie überschaulich. Nun, nachdem wir Parameter I gründlich ausgearbeitet haben, folgt Parameter II, die tatsächliche Entscheidung! Der Zusteigende grüßt zurück. Warum tut er dass, welche Rückschlüsse lassen sich daraus ziehen? Nun in unserem Zugbeispiel erfüllt

der Handelnde die sog. Normalitätsfolie, denn in unseren Breitengraden wäre es erklärungsbedürftig, würde man einen freundlichen Gruß nicht erwidern. Der Zusteigende hat also eine gute Kinderstube genossen und ist perfekt sozialisiert. Er grüßt freudig oder nur höflich, sozial gebunden erzwungen oder überaus freundlich, das alles ist möglich. Sein Zurückgrüßen eröffnet nun die nächsten Anschlussmöglichkeiten. Die getroffene Entscheidung schafft die neue Sequenz und schließt ein für allemal andere Möglichkeiten aus. Die getroffene Entscheidung ist damit der Grund für die nächste Sequenz oder anders ausgedrückt: Die nächste Sequenz ist die Folge der getroffenen Entscheidung. Unser Handeln beruht also immer auf einer Grund-Folge-Beziehung, damit ist nichts zufällig, ganz im Gegenteil: alles ist sinnlogisch motiviert und all unsere Handlungen sind in diese sinnlogischen Sequenzteile zerlegbar. Schauen wir uns mehrere Sequenzen chronologisch an, dann werden wir feststellen, dass die Zugriffe der Auswahl einem Muster folgen. Wir entscheiden nicht einmal so und dann wieder völlig anders, sind mal so, mal ganz anders. Das ist nur bei Handlungsträgern schlecht gemachter Filme der Fall. Wir handeln sinnvoll und logisch nachvollziehbar und einem, in der Familiensystemdiagnostik deutlich erkennbaren Muster gemäß. Dieses Muster nennt die Objektive Hermeneutik Fallstruktur.

Das Subjekt macht sozusagen einen Zugriff in das All der Möglichkeiten, einen Zugriff in die „Welt" der latenten Sinnstrukturen, die objektiv vorhanden sind, die uns überdauern und schon da waren, bevor wir ins Dasein gebracht wurden. Latente Sinnstrukturen existieren also auch ohne uns und sowieso ohne, dass wir von ihnen wissen. Wir greifen regelgeleitet und systematisch gemäß dem Resonanzgesetz ins All der Möglichkeiten und machen uns so zu denen, die wir sind. Was wäre, wenn dieser Vorgang des Unbewussten enthoben wäre?

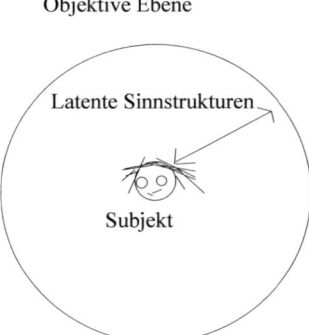

Objektive Ebene

Latente Sinnstrukturen

Subjekt

Das Subjekt inmitten seiner Möglichkeiten. Das Subjekt wird zu dem, was es ist, durch den Zugriff auf
die objektiven Möglichkeiten. Die objektiven Möglichkeiten werden ihrerseits durch die Handlungen des Subjekts geschaffen.
Oevermann überwindet mit seiner Objektiven Hermeneutik den alten Dualismusstreit.

In der Familiensystemdiagnostik reden wir von der Persönlichkeitsstruktur. Sie ist das Muster der Lebensführung und Erfahrungsverarbeitung, die durch die Primärsozialisation, durch Bildungsprozesse und durch existenzielle Erfahrungen bedingt ist. Und diese Persönlichkeitsstruktur bildet sich genau aus den

Entscheidungsmöglichkeiten unserer Wirklichkeiten heraus. Deshalb ist unser Leben ein Wechselspiel zwischen Wirklichkeiten und Möglichkeiten und in diesem Wechselspiel bildet sich unsere Autonomie. Autonomie versteht Oevermann als widersprüchliche Einheit von Entscheidungszwang und Begründungsverpflichtung. Die autonome Handlungspraxis kann niemals nicht entscheiden und es müssen stets Gründe vorliegen, warum sie sich so und nicht anders entscheidet.

Unsere Kinder können also nur autonom werden, indem ihre Entscheidungsmöglichkeiten mitwachsen. Deshalb ist Pädagogik im besten Fall ein Geschehen auf den jungen Menschen hin, das ihm sinn- und wertegeleitet Handlungsräume eröffnet, in denen er seine Entscheidungen selbst zu verantworten lernt. Nur in Entscheidungssituationen können wir autonom werden, können wir unser Leben wählen. Ein vorentschiedenes Leben ist seitens unserer Eltern oftmals vielleicht sogar gut gemeint, verhindert aber jegliche Autonomiebildung. Wir können so nicht unser Leben leben. Wenn wir ohne Autonomie überhaupt überleben, leben wir an uns vorbei. Ebenso falsch ist ein unbegrenztes Entscheidungsmeer, indem Eltern ihren Kindern alle Freiheiten zu bieten glauben. Diese unbegrenzte „Freiheit" führt zur Handlungsohnmächtigkeit. Denn ein idealer Handlungsraum ist immer begrenzt, bietet Orientierung und klare Konturen. Aber ein Schiffchen auf hoher See kann im Grunde nur orientierungslos verharren, denn ohne Land in Sicht (und ohne Kompass) könnte das Rudern in die eine Richtung genau vom gesuchten Strand wegführen.

Um zu erkennen, welche Entscheidungsmöglichkeiten Ferdinand hatte, müssen wir also nun die Wirklichkeit erörtern, die sein Rahmen von Zeit und Raum bot.

1880 in einem Dorf der Vulkaneifel:

1880 stand dieses Dorf unter preußischer Herrschaft. Die Preußen zeichneten sich aus durch einen straffen, durchmilitarisierten Stil. Nachdem sie die Franzosen am Anfang des 19. Jhd. zurückgedrängt hatten und aus zahlreichen preußischen Kriegen siegreich hervorgegangen waren, räumten sie in Deutschland mal richtig auf. Die" typisch alten deutschen Werte" wie Ordnung, Sauberkeit, Pünktlichkeit, Pflichtbewusstsein, Untertänigkeit, usw. sind „Verdienste" der Preußenzeit. Mit der Herrschaft der Preußen im Jahre 1815 kam auch die Schulpflicht, im Gegensatz zur Unterrichtspflicht, die es fast sonst in keinem europäischen Staat mehr gibt und heute noch als Fossil in Deutschland herumgeistert. Es herrschte das Patriarchat und natürlich der "gute alte" Kaiser Wilhelm der II. Dieser Kaiser, der es trotz seiner Armbehinderung (oder sollte ich sagen: gerade wegen seiner Armbehinderung) zu einem solchem Beliebtheitsgrad gebracht hatte, wurde verehrt, war Vater für die ganze Nation. Er interessierte sich für Fortschritt und Technik und nicht zu vergessen für die Jagd und das Holzfällen. 1880 war die Zeit der Industrialisierung, die 10 Jahre später schon ihren Höhepunkt erreichen sollte. Die Industrialisierung brachte viel Veränderung in die kleinen Bauernfamilien, da nun für viele die reale Möglichkeit bestand, aus der Dorfgemeinschaft auszubrechen und vom Land in die viel verheißene Stadt zu fliehen, um dort unter miserablen Umständen zu wohnen und zu arbeiten. Der eigentliche Lohn war die elterliche Unabhängigkeit. Denn der preußische Staat war letztlich bis in die kleinste Familie durchmilitarisiert, was sicherlich auf Kosten jeglicher Emotionalität ging. Das Leben in dem kleinen Vulkandorf war durch harte landwirtschaftliche Arbeit geprägt. Dieses Mittelgebirge war immer schon etwas für arme Leute, da das Land keine reichen Früchte brachte, sowohl der Bodenverhältnisse, als auch der klimatischen Benachteiligung wegen: viel Regen, kalte Winde, harte Winter. Und dennoch gab es in den Dörfern im Grunde nur Bauern, ein paar Handwerker, den Lehrer, den Polizisten und den Pfarrer, wobei letztere natürlich die Dorfelite bildeten. Alle anderen kämpften hart für ihr tägliches Brot und mussten während des 19. Jahrhunderts so manche Hungersnot überstehen. Die Möglichkeiten zu dieser Zeit an diesem Ort waren also sehr bescheiden. Was richtig und falsch war im sozialen Miteinander sagte die katholische Kirche mit ihren engen Moralvorstellungen. Diese wurden fraglos übernommen. Was in der Familie gemacht wurde, sagte der Vater (mindestens musste es diesen Anschein haben). Für Kinder, Kirche, Küche war die Mutter zuständig, die in aller Regel zwischen 5 und 12 Kinder gebar. Aus dieser Normalität aussteigen ging nur über die Auswanderung nach Amerika, was nicht selten vorkam oder durch die sog. Landflucht in die Stadt, um sich dort als Arbeiter in einer Fabrik wiederzufinden. Eine weitere Möglichkeit seinen Ausstieg aus dem Dorfleben zu meistern, war die Berufswahl des Priesters oder der Einstieg in ein Kloster.

Man kann also sagen, zu der Zeit an diesem Ort war das Leben noch „einfach" strukturiert und überschaubar: Man wurde geboren, ging zur Volksschule, arbeitete schon als Kind wie ein kleiner Erwachsener, eine Jugendzeit gab es sowieso nicht, heiratete irgendwann zwischen dem 22igsten und 30igsten Lebensjahr (Frauen früher als Männer, Arbeiter früher als Bauern), handelte katholisch und zeugte zahlreiche Nachkommen. Dies ist kurz gesagt die sog. Normalitätsfolie dieser Zeit an diesem Ort, unsere „Bühne" des Geschehens.

Willkommen kleiner Ferdinand! Offenbar erlebt Ferdinand unbeschadet und entsprechend der obigen Normalitätsfolie seine Kindheit (was zu der Zeit nicht selbstverständlich war). Über die Berufswahl wissen wir nichts, deshalb ist anzunehmen, dass er als Landwirt tätig ist oder einem Handwerk nachgeht. Eine andere berufliche Tätigkeit wäre sicherlich bekannt. Das nächste chronologische Datum verrät uns, dass er – sozusagen in der Erfüllung der Normalitätsfolie – am 15.09.1911, im Alter von 31 Jahren, heiratet. Nun ja, ein bisschen spät ist er schon dran. Wie alt ist denn seine Braut? Er heiratet Lucia, die im Januar 1886 geboren ward. Seine Frau ist also 6 Jahre jünger als er, was ebenfalls ein bisschen von der Normalitätsfolie abweicht. Dass die Frau jünger ist als der Mann, entspricht den Erwartungen dieser Zeit, aber zuviel jünger sollte sie nun auch wieder nicht sein, das wäre erklärungsbedürftig. Und alles was erklärungsbedürftig ist m ü s s e n wir unbedingt anfragen. Warum weicht jemand von der sog. Normalitätsfolie ab? Bei Lucia und Ferdinand müssen wir tatsächlich auch die leichten Abweichungen berücksichtigen und anfragen, wie es zu

*dem späten Heiratsalter des Ferdinand kommt und zu
der 6 Jahre jüngeren Ehefrau. Also fangen wir an zu
forschen, fragen nach, ob nicht noch etwas über deren
Herkunftsfamilien bekannt ist und siehe da, wir finden
wahre analytische Schätze.*

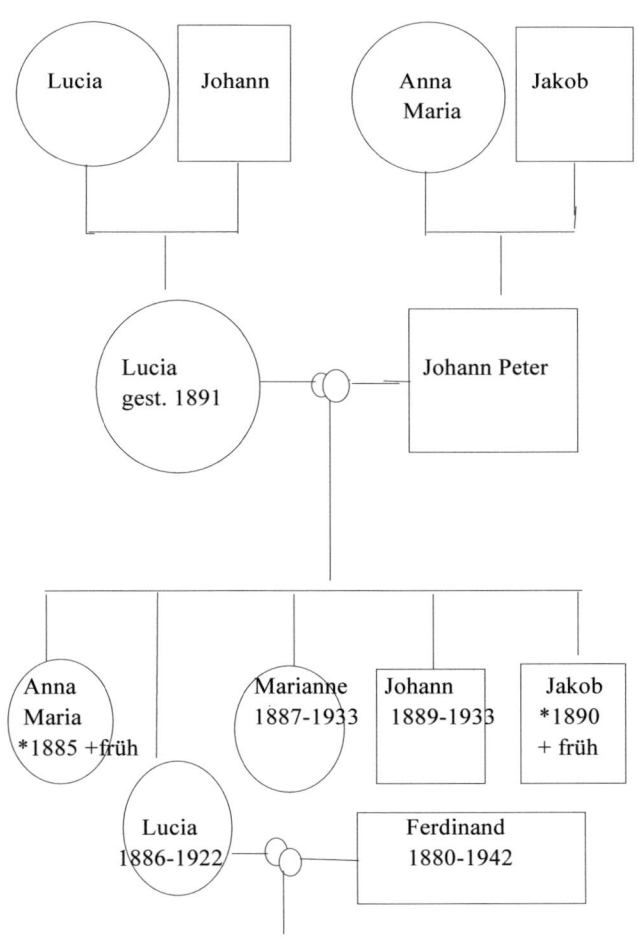

Lucia ist die Tochter von Johann Peter und Lucia, die insgesamt 5 Kinder hatten. Das erste Kind war ein Mädchen namens Anna Maria, Lucia war Zweitgeborene, dann wurden Marianne, dann Johann und schließlich Jakob geboren. Die Geburten fanden in nahezu jährlichem Abstand statt. Das erste und das letzte Kind starben „früh", also vermutlich innerhalb des ersten Lebensjahres. Ein Jahr nach der Geburt des letzten Kindes verstarb auch die Mutter. Zu diesem Zeitpunkt war Lucia 5 Jahre alt.

Nun haben wir plötzlich eine Menge Informationen durch frühere Daten, die eine Menge Fragen aufwerfen. Was ist in der Familie los, denn es gibt eine Menge auffällige Daten:

a) *Warum sterben die zwei kleinen Kinder?*
b) *Warum besteht ein so naher Geburtenabstand?*
c) *Warum stirbt die Mutter erklärungsbedürftig früh?*

Nun werden Sie vielleicht denken, das ist doch alles gar nicht so erklärungsbedürftig. Zu dieser Zeit kam es sehr oft vor, dass Babys unerklärlich früh starben am sog. frühen Kindstod und auch die Geburtenfolge war eine rasche, schließlich gab es keine Möglichkeit der Geburtenregelung und selten war es auch nicht, dass eine Mutter, aufgrund der zahlreichen Belastungen und schlechten Lebensbedingungen, früh starb. Diese Einwände für sich genommen mögen stimmen, aber dagegen muss man sagen, dass alle Familien schwer belastet waren, aber nicht alle Mütter starben, dass in den meisten Familien viele Kinder geboren wurden, aber der Altersabstand doch auch häufig bei 2 Jahren lag und interessanterweise kommt die hohe Kindersterberate nicht zustande, weil in jeder Familie Kinder starben, sondern in manchen Familien starben mehrere Kinder und in anderen wieder überhaupt keine. Also, wir müssen lernen, genau hinzuschauen und nichts vorschnell zu normalisieren. Stellen Sie alles in Frage, nichts ist selbstverständlich!

Wir dürfen also keinesfalls vorschnell über die obigen Fragen hinweggehen. Es muss einen Grund geben für diese Geschehnisse, da alles auf einer Grund-Folge-Beziehung beruht - dass wir deshalb den „Zufall" als Erklärung nicht einführen dürfen, ist evident. Wir müssen versuchen, uns der oben skizzierten Thematik zu nähern, werden wir auch an dieser Stelle nicht die ganze Wirklichkeit ausmachen können, die zu solchen familiären Tragödien führt.

Jede Familiensystemdiagnostik muss möglichst genau die Wirklichkeit erschließen, die sich aus dem „ersten Objektiven Datum" ergibt. Hier können wir „nur" ein grobes Muster erarbeiten - dies ist aber unerlässlich. Da es zu Beginn der Analysearbeit nur eröffnende Sequenzen gibt, befinden wir uns in einem Wust von Annahmen. Eine Menge Fallstrukturhypothesen sind denkbar und wir müssen möglichst viele Möglichkeiten erörtern. Der Anfänger empfindet diesen Teil der Analyse manchmal als sehr spekulativ und das mag er auch sein. Bei der Familiensystemdiagnostik bleibt es aber nicht bei den Spekulationen, sondern aus den vielen Möglichkeiten kommt man durch chronologisches Hinzufügen weiterer objektiver Daten zum Ausschluss vorher möglicher Lesarten. Dieses

Ausschlussverfahren ist mit höchster Gründlichkeit und Systematik zu betreiben, damit wissenschaftliches Forschen nicht zur alltäglichen Plänkelei wird.

Zurück zu unserem Fallbeispiel. Warum sterben die beiden Kinder? Zu meinen, diese Frage in aller Tiefe beantworten zu können, wäre sicherlich völlig vermessen, da wir uns dann anschicken würden, Daseinsfragen zu klären. Wir können und müssen aber mögliche Bedingungen auftun, die lebensnegierend sind, denn der Tod ist die Nichtung aller Möglichkeiten. Es gab für die beiden Kinder demnach keine Möglichkeit, ihr Leben zu wählen, oder aber sie hatten in dem frühen Lebensalter den Sinn ihres Daseins schon erfüllt. Letzteres ist möglich, aber dürfte selten vorkommen.

Was braucht ein Säugling, um zu gedeihen?

4.3. Entwicklungsphasen nach Werner J. Meinhold
(vgl. Meinhold, S. 229 ff)

Werner Meinhold, Begründer der Gesellschaft für tiefenpsychologische Hypnose, hat in seiner jahrelangen Forschungsarbeit klare und prägnante Ergebnisse vorlegen können, die Aufschluss über die Rahmenbedingungen geben, welche eine optimale menschliche Entfaltung ermöglichen.

4.3.1 Zeugung

Meinhold beginnt konsequent mit der Entwicklungsanalyse des Menschen bei dessen Zeugung. Er kann nachweisen, dass die liebevolle Vereinigung von Mann und Frau das Ideal bildet für den Beginn menschlichen Lebens. Jede Abweichung vom Ideal ist damit schon eine Entfaltungshemmung, je größer die Abweichung, um so ungünstiger der Entfaltungsverlauf. Meinhold benennt als fehlerhafte Zeugungssituation eine ungünstige Atmosphäre, Gewalt und gegenseitige oder einseitige emotionale Ablehnung der Eltern untereinander. Als Folge solcher Fehler oder Abweichungen vom Ideal konnte er Krankheiten ausmachen, wie mangelnden Lebenswillen oder eine frühe, einseitige Identifikation bzw. Ablehnung mit/von Mutter oder Vater.

Gerade bei der Zeugung ist es leicht nachvollziehbar, wie nicht nur physisch gezeugt wird, sondern die Gedanken beim Zeugungsvorgang ebenso eine geistige Realität schaffen. Ob also in gegenseitiger Liebe gezeugt wird, wo der eine ganz beim anderen ist und in dem Beim-Anderen-Sein völlig von sich absieht, ohne sich jedoch zu verlieren, oder aber nur leidenschaftliche Bedürfnisbefriedigung die beiden Menschen vereinzelt, bleibt nicht ohne Konsequenz - folgt doch die Energie den Gedanken.

4.3.2 Symbiose

Die Phase der Symbiose umfasst die Zeit im Mutterleib und mit abnehmender Tendenz die ersten Wochen und Monate nach der Geburt (bis etwa zur Zahnung) und klingt bis zur analen Entwicklung aus. Der Säugling befindet sich im Bewusstseinszustand tiefer Hypnose. In dieser Phase sollte der kleine Mensch die Erfahrung des bedingungslosen Geliebt-Seins machen dürfen. Hier wird die existentielle Grundsicherheit etabliert. Diese Phase sollte symbolisch der Paradieszeit in der Schöpfungsgeschichte entsprechen. Sie wird am besten erfüllt, wenn die Mutter Freude am eigenen Leben hat und sich auch sozial akzeptiert fühlt, v. a. durch eine gute Beziehung zum Vater. Alle Inhalte dieser Phase – auch unbewusste Gefühle der Mutter – werden vom Ungeborenen unmittelbar miterlebt, es kann sich noch nicht klar von der Mutter unterscheiden (symbiotische Identifikation).
Als häufige Fehler dieser Phase benennt Meinhold alle Akzeptanzbedingungen. Hierzu zählen auch elterliche Wünsche wie: Unser Kind soll gesund, intelligent, lieb, schön, ein Mädchen/ein Junge usw. sein. Diese Akzeptanzbedingungen sind Teilablehnungen zumeist unbewusster Art. Von diesen haben wir weiter oben gesprochen; sie sind die abgelehnten

Persönlichkeitsanteile, die im späteren Lebensverlauf zum unbewussten Antriebsmotor unserer Handlungen und Erlebnisse werden.

Sehr belastend für das Kind sind natürlich Abtreibungsgedanken oder Ängste der Mutter (auch unbewusste), die vom Säugling unmittelbar empfunden werden. Jegliche Ablehnung bezieht das Kind auf sich und fühlt deshalb seine Daseinsberechtigung in Frage gestellt. Es macht seine Existenz von der Erfüllung der Akzeptanzbedingungen abhängig. Alles abgelehnte „BÖSE" muss es abspalten bzw. verdrängen.

Meinhold konnte nachweisen, dass die schwersten Angstpsychosen, schwere Lebens- und Todesängste, auf Fehler in dieser Phase zurückzuführen sind. Gleichzeitig kommt auch er – genau wie die Familiensystemdiagnostik – zu dem Ergebnis, dass diese Phase bei den meisten Menschen unserer Kultur nur unvollständig erfüllt ist und von daher eine mehr oder weniger große Grundangst „normal" geworden ist. Diese Ängste werden mit Abspaltungen und Abwehrhaltungen auszugleichen versucht. Und auch hier stellt Meinhold, im Chor mit der Familiensystemdiagnostik, fest, dass es sich bei diesen Ausgleichsversuchen zumeist um besondere Leistungen handelt, um die Anhäufung von Besitz und Ruhm oder dem Leben in symbiotischen Beziehungen usw. Während seiner klinischen Tätigkeit stellte Meinhold des weiteren fest, dass es beim Zusammenbrechen der Abwehr, also bei Dekompensation, zur Entwicklung einer Psychose, zu Krebs oder anderen existentiellen Erkrankungen kommen kann.

4.3.3 Geburt

Der Geburtsvorgang, der mit den ersten Wehen beginnt und einige Stunden nach der Geburt endet, ist nach Meinhold besonders zu erwähnen. Der kleine Mensch bedarf für sein existentielles Wohl der Freude der Mutter. Schon 1974 wusste Dr. Frederick Leboyer (Frauenarzt und Geburtshelfer) um die Notwendigkeit einer „Geburt ohne Gewalt". Er hatte so viele technische Geburten und gequälte Babys gesehen, dass er schreiben musste: „Das also ist die Geburt. Die Hinrichtung eines Unschuldigen. Welch ein Elend. Sind wir wirklich so naiv zu meinen, dass eine solche Katastrophe keine Spuren hinterlässt? Dabei findet man sie überall. Auf der Haut, am Rücken, in den Knochen, in den Alpträumen, im Wahnsinn, in unseren Wahnsinntaten: Folter und Gefängnis. Die Mythen, die heiligen Schriften erzählen von nichts anderem, als von dieser tragischen Odyssee" (Leboyer, S. 47). Und weiter schreibt er: "Wir überlegen, wie wir das Kind vorbereiten können. Mit feinen Elektroden? Wir sind ratlos. Nicht das Kind müssen wir vorbereiten. Uns selbst. Die eigenen Augen müssen wir öffnen. Die eigene Blindheit muss aufhören. Mit ein wenig Verständnis ist alles so einfach." (a.a.O., S. 53). Und so stellt Meinhold fest, dass „ein wenig Verständnis" z. B. in einem natürlichen Geburtszeitpunkt besteht, in angenehmer Umgebung, mit sanfter Geburtshilfe, einer natürlichen Abnabelung und im anschließenden ständigen Hautkontakt und Brustkontakt (Herztöne) mit der Mutter. Wäre das nicht alles wirklich sehr einfach?... und bitternötig!!! Denn kulturell gezüchtete Angst vor der Geburt („unter

Schmerzen sollst du ..."), künstliche Einleitung, kalte Atmosphäre, zu frühe Abnabelung, sterile Behandlung und Unterbringung auf der Säuglingsstation, statt Hautkontakt mit der Mutter, eine zu frühe Trennung von oder ein Klammern durch die Mutter, all das und anderes mehr führt zu Grundängsten, zu existentiellen Ängsten vorm In-der-Welt-Sein. Speziell Ängste vor Enge (Tunnel usw.), Atemnot, Ängste vor Übergangsphasen und –symbolen (Pubertät, Brücken usw.) sind durch Fehler beim Geburtsprozess verursacht und haben i. d. R. schon in der symbiotischen Phase ihren Beginn. Denn alle Störungen einer Phase sind oft schon „Folgeschäden" der gestörten Vorphasen, weil ja alles eine fließende Grund-Folge-Entwicklung ist. Ist das erste Knopfloch falsch geknüpft, dann ist es sinnlos an den oberen Knöpfen herum zu fuchteln. Um die Ordnung wieder herzustellen, bedarf es des Herantretens an die Ursache der Störung. Und hierin - das sei nochmals betont – besteht die Begründung der Familiensystemdiagnostik, sich mit der Familiengeschichte, angefangen in anno dazumal, zu beschäftigen. Denn wenn wir unwissend bleiben über die Störung des „ersten Knopfloches", dann verstehen wir den weiteren Entwicklungsverlauf überhaupt nicht, wir verstehen das Leben eines Menschen ganz und gar nicht. Analysieren wir aber die bewussten und unbewussten Bedingungen, die wir bei unserer Zeugung vorfanden, die als „soziales Erbe" unsere Zeugungssituation bestimmten, dann sind wir beim ersten Knopfloch angelangt.

4.3.4 Orale Phase

Diese Phase beginnt allmählich im Mutterleib, findet ihren Höhepunkt nach der Geburt bis zum 7. Monat und flacht bis zum 14 Lebensmonat langsam ab, um auszulaufen. Immer noch ist unser Bewusstseinszustand ein tief hypnotischer. In dieser Phase sind alle angenehmen sinnlichen Wahrnehmungen, v. a. über den Mund (oral) lustvoll betont. Der kleine Mensch bedarf der liebevollen Zuwendung der Mutter über Hautkontakt, ihrer Brustnahrung, ihrer Ansprache und ihres Blickes. Am liebsten sitzt das Baby bei seiner Mama im Tragetuch und ist sich damit immer ihrer Nähe gewiss. Alles andere, was uns die Werbewelt glauben machen will, ist ein unsinniger Quatsch. Den ganzen Klimmbims zum knautschen, knabbern, rütteln und schütteln, schnullern und pullern ist eine frühe, naive Ersatz-„befriedigung" für das Kind, oder muss ich sagen: für die Eltern. Die Mutter stiftet Abstand zu ihrem Kind, wenn sie es unter ein hochwertiges Spieltrapez auf eine ungeheuer teuere Krabbeldecke legt. Ach wie gut meinte sie es doch, als sie ihr liebes Geld im Fachgeschäft für ihr so geliebtes Baby investierte. Aber all das führt zu viel Abstand, zu einer sterilen Behandlung des Kindes. Hand in Hand damit geht meist eine Reinlichkeitsbetonung und die Überbetonung von Ernähung. Die Hauptanliegen der Mutter sind Fläschchen geben und Pampers wechseln. Die Mutter überfüttert ihr Kind, um es zu stillen, anstatt dem Bedarf seiner sonstigen Zuwendung zu entsprechen. Die größte Unsensibilität besteht im Alleinlassen des kleinen Menschen.

Meinhold weist nach, dass diese und andere derartige Störungen zu Erkrankungen der Sinnesorgane, der Haut und des Mund/Rachenraumes führen. Menschen, die Schwierigkeiten haben, etwas anzunehmen oder im Gegenteil suchthaft etwas an sich reißen, so auch die suchthafte Nahrungsaufnahme, leiden unter Störungen, die in dieser Lebensphase zu lokalisieren sind. Sämtliche oralen Süchte (die natürlich auch z. T. schon in der Symbiose begründet sind) oder polar gelebt asketische Tendenzen werden hier verursacht. Ebenso haben wir als kleines Baby - womöglich unter dem Spieltrapez - die Angst vor Dunkelheit oder Einsamkeit ausgebildet.

4.3.5. Erste Reifung

Die Phase der ersten Reifung beginnt um den 7. Lebensmonat des kleinen Menschen und kommt im 14. bis 21. Lebensmonat zu ihrem Höhepunkt, um dann bis zum 28. Lebensmonat abzuflachen und auszulaufen. In diesem Alter macht das Kind ganz erstaunliche Entfernungs- und Verselbständigungsschritte. Körperlich drückt sich diese Reifung im Zahnen, Krabbeln, Sich-Aufrichten, Laufen, Selbst-Essen usw. aus. Das Kind entdeckt sein eigenes Geschlecht und ist in der Lage, sich Ersatzmutterobjekte zu schaffen. In dieses Alter fällt auch die ICH-Entdeckung. Wenn das Kind Grundsicherheit und Förderung erführe, dann wäre das ideal. Völlig fehlerhaft ist das Klammern und Überbehüten seitens Mütter, die selbst mit der Ablösung ein Problem haben. Alle Ängste der Mutter vor den kleinen Entdeckungsreisen des Kindes, sei es bei der Erkundung seiner Umgebung oder auch seiner Fähigkeiten, sind äußerst hemmend und können zu Störungen und Erkrankungen der Bewegungsorgane führen. Das diametrale Gegenteil, nämlich das Alleinlassen und Verwahrlosen-lassen von Kindern, führt natürlich zu genau den gleichen Schäden in dieser Entfaltungsphase. Meinhold sieht in der fehlerhaften ersten Reifung Ich-Bildungs- und Ablösungsstörungen begründet und ebenso Borderline-Störungen oder Fetischismus.

4.3.6. Analphase

Diese Phase hat ihren Höhepunkt um den 21. bis 28. Lebensmonat und läuft zwischen dem 4. und 5. Lebensjahr aus. Das Bewusstsein ist das der tiefen bis mittleren Hypnose. Die körperliche Entwicklung zeigt ausdrucksstark die seelische Thematik. Das Kind erlebt alle Ausscheidungsvorgänge lustvoll und hat Freude an dem Machtgefühl, etwas abgeben oder behalten zu können. Hier erwacht ebenso die Kreativität des Kindes. Der kleine Mensch erlebt sich von der Mutter verschieden; Verstand und Sprache entwickeln sich. Zwanghafte Reinlichkeit wäre nun genau das Falsche, damit würde nicht nur ein natürlicher Umgang mit der eigenen Leiblichkeit verhindert, sondern auch die Willensentwicklung und die Kreativität ausgebremst. Natürliches natürlich behandeln wäre ideal, dann haben Ekel und Ablehnung der Ausscheidungen keinen Platz. Das Kind soll kreativ und natürlich seine Phantasie und Kreativität entwickeln können. Hier gehörten die

Kinderstuben gereinigt von Fernseher, Computer oder vorgefertigten „Spielsachen". Mit diesen werden nur Geschäfte auf Kosten der Kinder gemacht und die Technik ersetzt sukzessive menschliche Zuwendung und Beziehung. Meinhold hat festgestellt, dass Fehler in dieser Entwicklungsphase zu Erkrankungen der Ausscheidungsorgane und der Bewegungsorgane führen. Werden die Störungen nicht körperlich, sondern psychisch ausgedrückt, dann kommt es zu genereller Zwanghaftigkeit, v. a. Leistungszwang oder Leistungsverweigerung dominieren hier. Geiz oder Verschwendung sind ebensolche Störungen der Menschen, die als Kinder die beschriebene Eigenkontrolle und Kreativität nicht erfahren durften. Des weiteren finden Hingabestörungen, Fixierungen, mangelnde Durchsetzungsfähigkeit, Unterwürfigkeit oder Machtgehabe, starke materielle Fixierung und Ängste in dieser Phase (sozusagen als Fortsetzung der symbiotischen Störungen) ihre verstärkte Ausprägung.

4.3.7 Genitalphase

Diese Phase beginnt im 3. Lebensjahr, hat ihren Höhepunkt im 4. bis 6. Lebensjahr und endet mit der Pubertät. In dieser Lebensphase löst sich der kleine Mensch aus der zuvor symbiotischen Identifikation mit der Mutter heraus, damit es nun zu einer sexuellen Identifikation mit dem gleichgeschlechtlichen Elternteil kommen kann. Auf der körperlichen Ebene werden die Genitalien stärker lustbesetzt, auf sozialer Ebene wird am Beispiel der Eltern die sexuelle und die soziale

Geschlechtsrolle erlernt. In dieser Entfaltungsphase wäre eine liebevolle Bestätigung des Kindes in seiner Geschlechtlichkeit ideal. Doch wie oft kommt es seitens prüder Eltern zur Einstufung des Kindes als „reines" Wesen und eine gesunde sexuelle Entwicklung wird unterbunden. Gerade in dieser Phase wird die eigene sexuelle Thematik der Eltern sehr deutlich. Was die Eltern selbst ablehnen, negieren, pervers, oder aber natürlich leben, das wird hier auf das Kind mehr oder weniger bewusst übertragen. Im direkten Zusammenhang mit Störungen in dieser Phase sieht Meinhold Erkrankungen und Funktionsstörungen der Geschlechts- und Harnorgane, der Atmung, des Nervensystems und der Verdauungsorgane. Darüber hinaus kommt es zur latenten oder manifesten Leib- und Lustfeindlichkeit, die ihrerseits wiederum zu mangelnder Lebensfreude führt. Die gesamte Empfindungsfähigkeit ist eingeschränkt.

4.3.8 Individuation, zweite Reifung

Im Alter zwischen 7 und 14 Jahren wird die gleichgeschlechtliche Elternidentifikation zugunsten von verschieden-geschlechtlichen Teil-Identifikationen mit Lehrern, größeren Geschwistern, Eltern anderer Kinder, Idolen usw. abgebaut; das Kind hat Gelegenheit, sich an verschiedenen Vorbildern zu orientieren und eigene Vorlieben zu entdecken und auszuprobieren. Fatal ist eine Einengung der Erfahrungsmöglichkeiten, die Abwertung anderer Standpunkte, rechthaberische Erziehung, wenig Raum zum spielerischen Ausprobieren anderer Standpunkte, sowie Leistungsdruck. Wird die Freude an eigenen Erfahrungen nicht gefördert, so kann es zu Erkrankungen und Funktionsstörungen des Nervensystems und der Bewegungsorgane kommen. Auf seelischer Ebene wird die Selbstentwicklung eingeengt und das Selbstwertgefühl von Leistung abhängig gemacht.

4.3.9 Ablösung

Die Ablösung beginnt mit dem 12. Lebensjahr und ist i. d. R. mit dem 21. Lebensjahr abgeschlossen. Mit dem Eintritt in die Geschlechtsreife geht die Entwicklung der Eigenverantwortung und einer eigenen Weltsicht einher. Optimal wäre eine freundschaftliche Ablösung von den Eltern unter gegenseitiger Akzeptanz verschiedener Standpunkte. Wird aber der junge Mensch in seiner sexuellen Entwicklung behindert, wird er bevormundet und auf elterliche Standpunkte und Weltanschauungen verpflichtet, so steht der Lebenstüchtigkeit des jungen Menschen das Verweigern des „elterlichen Segens" als arger Ausdruck deren mangelnden Vertrauens und mangelnder Liebe im Weg. Immer wieder wird es zu Autoritätskonflikten (aus der Position des Untertänigen oder des gnadenlosen Herrschers) kommen, die so oder so behindernd wirken müssen.

Zurück zu unserem Fallbeispiel:
Nun haben wir wichtige Hinweise zur Entwicklung des kleinen Menschen erhalten. Da wir um den Tod gleich

zweier Säuglinge in der Familie unseres Fallbeispiels wissen, müssen wir annehmen, dass die oben angeführten Entfaltungsvoraussetzungen nicht gewährleistet waren. Irgendetwas, zumeist die eigene Lebensgeschichte, hat es v. a. der Mutter, die für diese Lebensphasen der Kinder deutlich mehr schöpferische Verantwortung trägt als der Vater, nicht ermöglicht, ihrem Kind die notwendige Existenzgrundlage zu schaffen. Waren die damaligen Lebensumstände auch oft lebensbedrohlich, der Alltag voller mühseliger körperlicher Arbeit und die Hygienebedingungen schlecht, so muss doch dieser persönliche Faktor letztendlich ausschlaggebend sein, ob ein Kind überlebt oder nicht, da die äußeren Bedingungen ja für alle gleich waren. Die tragenden Positionen in der Familie bekleiden naturwüchsig die Eltern. Wenn diese eine vertrauensvolle und liebende Beziehung leben, dann fließt diese Güte in die Kindergeneration und wird zum Nährboden für deren positive Entfaltung. Ist in der Kindergeneration die Ordnung gestört, so ist das in erster Linie das Resultat gestörter Elternschaft. Eine Elternschaft ist immer dann gestört, wenn es auf der Paarebene an hingebender Liebe mangelt. (Dieser Mangel findet natürlich letztlich wiederum in der Persönlichkeit der Eheleute seine Begründung.) Wir müssen deshalb erhebliche Schwierigkeiten in der Ehe von Johann und Lucia vermuten. Wäre diese Beziehung eine in Liebe tragende, eine vertrauensvoll schöpferische, eine metaphysisch gebundene, dann wäre die Existenzlage der Familie keine lebensnegierende. Lucia ihrerseits muss aus einer Familie stammen, in der sie sich nicht mit einer liebenden Mutter oder Ehefrau identifizieren konnte.

Wenn sie ihre Identität über die Mutterfunktion ableitet, dann muss sie maßlos von sich enttäuscht sein. Sie funktioniert zwar, was die Gebärfähigkeit anbelangt, scheitert aber in der Symbiose mit ihren Kindern. Lucia kann nicht auf ausreichend Liebesfähigkeit zurückgreifen. Das muss seinen Grund haben; in der Ehe mit Johann Peter scheint sie an diesen Gründen nichts heilen zu können. Wenn sie sozusagen jährlich ein Kind gebiert, dann hat sie offensichtlich diese Kinder nicht lange gestillt. Eine Frau, die ihr Kind voll stillt ist in dieser Zeit nicht empfänglich für ein weiteres Kind, sowohl körperlich als auch seelisch. Die Hormone sorgen dafür, dass es nicht zu einem Eisprung kommt und das ist deshalb so, weil die Mutter in tiefer Symbiose mit dem Kind lebt und innerlich überhaupt nicht auf ein weiteres Kind eingestellt ist. Dies ist das Ideal. Hier haben wir es offensichtlich mit einer Abweichung vom Ideal zu tun. Wenn sich die Mutter nicht in Symbiose befindet, dann wird die Milch rasch nach der Geburt ausbleiben. Dann hat die Mutter leider plötzlich keine Milch mehr, weil sie so früh so hart arbeiten musste, oder eine Brustentzündung bekam oder einfach wenig Milch hatte und das Baby nicht satt wurde. Und ein Baby zu der Zeit nicht stillen zu können, war eine lebensbedrohliche Situation. Lucia konnte nicht mal schnell zur Apotheke gehen, um Milchpulver zu kaufen. Sie musste es schaffen, das Baby auf Kuhmilch umzustellen. Das gelang nicht immer und hatte in jedem Fall den Nachteil, dass die ganzen wichtigen Schutzinformationen der Muttermilch entbehrt werden mussten. So war schon rein körperlich das gestillte Kind im Vorteil gegenüber dem ungestillten. Hier zeigt sich auf stofflicher Ebene die

seelische Problematik des Konfliktes, in den die junge
Mutter nun gekommen ist. Sie soll in liebevoller
Beziehung mit ihrem Kind eins sein, kann es aber nicht,
weil sie vermutlich selbst eine solche Erfahrung nie
gemacht hat. Das könnte sie nun in ihrer neuen
Situation erkennen. Anstatt zu erkennen, möchten die
meisten Menschen aber einfach nur gerne weiter
funktionieren. So sicherlich auch unsere Lucia. Sie
gebiert und versorgt und kann doch das
Lebensnotwendigste nicht geben: Sie hält die Nähe zum
Kind nicht aus, kann diese Beziehung nicht leben, kann
ihre Kinder nicht mit Liebe nähren. Prof. Dr. Erich
Grond, Sozialmediziner, sagte mal so treffend:
„Niemand stirbt erklärungsbedürftig früh, der sich in
irgendeiner tragenden Beziehung befindet." Die Mutter
konnte diese Babys nicht binden, eigene Defizite führten
sie in diese Tragödie. Andererseits muss man nun
fragen: Warum überleben die anderen Babys?

In der Familiensystemdiagnostik kann man immer
wieder feststellen, dass es lebensnegierende Situationen
gibt, die dennoch mit Leben gefüllt werden. Es ist dann
weniger die Liebe, die Menschen zur Entfaltung bringt,
als die Funktion, die sie füllen müssen. Tatsächlich ist
es auf allen Ebenen unseres Daseins so, dass alles
überflüssig zu werden scheint und anschließend zu
Grunde geht, wenn es keine Funktion mehr hat, und
umgekehrt ist es die Funktion, die mindestens
vorübergehend zur Daseinsberechtigung verhilft. Ist
mein Dasein aber von einer Funktionsleistung abhängt,
dann wird das Sosein von den engsten
Akzeptanzbedingungen geprägt, die man sich denken
kann. Und in diesem Sosein gilt es, diese

Akzeptanzbedingungen zu erkennen, was sowieso immer der Fall sein müsste. Die Alternative zum Erkennen wäre, ständig dafür Sorge zu tragen, am Funktionieren zu bleiben. So etwas kann aber nur der Rat-Schlag erkenntnisloser Verhaltenstherapeuten sein.

Lucias Zweitgeborene ist unsere Lucia, Ferdinands Braut. Lucia benennt ihre zweite Tochter damit nach ihrer Mutter und sich selbst. So etwas kam zu dieser Zeit nicht selten vor, führte aber regelmäßig zu hohen unbewussten Erwartungen an das Kind, da mit dem Namen sozusagen das ganze Sozialerbe der Mutter aufgerufen wird. Die kleine Lucia steht somit in gerader unmittelbarer Identifikationslinie mütterlicherseits und hat alle gelösten und ungelösten Themen dieser Ahnen unmittelbar in ihrem Lebensrucksack, der auf ihren Schultern lastet, ihr Leben beschwert und auch nährt, über dessen Inhalt sie aber in Unwissenheit ist.

Der Name eines Menschen ist ebenso wenig zufällig, wie alles andere, was uns betrifft. Aber ein Name ist etwas ganz besonderes. Er ist Träger von wichtigen Informationen, die oft unbewusst in diesen hineingespeichert wurden. Ich erinnere mich an eine Familiensystemdiagnostik, da wurde ein Mädchen Anna-Katharina genannt. Anna Katharina verstarb. Daher wurde die nächste Tochter abermals Anna-Katharina benannt, sozusagen um den Verlust zu verdrängen. Auch dieses Mädchen verstarb im ersten Lebensjahr. Es wurde wieder eine Tochter geboren und auch diese wurde Anna-Katharina genannt und starb nun schon erwartungsgemäß. Erst als die 4. Tochter auf den Namen Susanne getauft wurde, war eine

lebensmögliche Information gestiftet. Über die Macht
und die Magie von Namen wissen die okkulten
Wissenschaften viel zu berichten. Selbst die Gebrüder
Grimm greifen diese Thematik in dem bekannten
Märchen „Rumpelstilzchen" auf. Ich kann an dieser
Stelle nur dazu einladen darüber selbst nachzudenken
oder nachdenken zu lassen.

*In dem Zusammenhang ist es natürlich interessant zu
wissen, dass die gestorbene erstgeborene Tochter den
Namen von Lucias Schwiegermutter trug und der zuletzt
geborene Junge, der früh verstarb, hieß Jakob, wie
Lucias Schwiegervater. Dies zeigt deutlich die - wenn
auch unbewusste - Ablehnung der angeheirateten
Familie und damit auch des Ehemanns.*
 *Was ist mit den Kindern, die das erste Lebensjahr
überleben? Was die kleine Lucia angeht, so schauen wir
uns das nachher genauer an. Marianne stirbt mit 46
Jahren, es ist unbekannt, ob sie verheiratet war. Johann
stirbt ebenso erklärungsbedürftig früh im Alter von 34
Jahren. Er war im Alter von 29 Jahren zum Priester
geweiht worden. Das sind für eine
Familiensystemdiagnostikerin eine Menge objektive
Daten.*
*Johann, der überlebte, indem er Priester wurde, ist
zwar einerseits nach Lucias Ehemann, andererseits
aber auch nach Lucias Vater benannt. Dies ist eine
äußerst interessante und offensichtliche Vermischung
mindestens von unterschiedlichen
Lebenszusammenhängen. Es ist natürlich kein Zufall,
dass Lucia einen Mann heiratet, der Johann, so wie ihr
Vater, heißt. Klar, werden Sie sagen, damals hießen in
der Eifel alle Johann, Peter, Josef, etc. Dies ist aber nur*

ein Argument, um den „statistischen Zufall" zu verringern. Wenn es kein Zufall ist, was ist es dann? Es ist der unbewusste Wunsch, im Ehemann den Vater wieder zu finden. Welch interessante Vermischung der sozialen Rollen! Der Ehemann soll väterliche Pflichten erfüllen! Hat denn der Vater eheliche Pflichten erfüllt oder wie oder was? Wenn Lucia in ihrem Ehemann den väterlich zugewandten Beschützer und Versorger suchte, dann wurde es in ihrer Ehe bald problematisch, denn die Ehe ist eine Beziehung zweier Menschen, die wesentlich durch Sexualität konstituiert ist. Die Beziehung zwischen Vater und Tochter hat keine sexuelle Komponente. Warum trägt Lucia aber nun desexuelle Wünsche in eine originär sexuelle Beziehung? Dies ist zumeist dann der Fall, wenn die Vater – Tochter – Beziehung eine sexuelle Komponente hatte. In der Ehe wird die Sexualität dann zum Problem, da diese im Erleben der Frau nur störend in der Beziehung ist. Letztlich reinszeniert Lucia in ihrer Ehe ihre kindliche Situation. Dieser unbewusste Wiederholungszwang dient dem Erkennen der kindlichen seelischen Leidensgeschichte. Dieses Leid will ausgeheilt werden. Aber Lucia blieb darüber in Unkenntnis, ansonsten hätte sie nicht gewünscht, dass Johann sie in Ruhe lassen sollte. Es hätte alles für sie viel schöner sein können, hätte Johann nicht immer nur „ das Eine" gewollt. Ansonsten war er ja vermutlich ein lieber Kerl, aber diese Sexualität … . Dass dem so oder so ähnlich war und nicht vielleicht ganz anders, zeigt die weitere Familiengeschichte. Lucia wünschte sich einen asexuellen Johann, daher nannte sie ihren Sohn Johann und hatte nun die Möglichkeit - nach dem Motto

„Neue Männer braucht das Land" sich ihren Johann
so zu erziehen, wie sie ihn brauchte.
Und das funktioniert, weil Kinder ihren Eltern
entsprechen, damit sie geliebt werden. Wie brauchte
Lucia denn ihren Johann? Kurze Antwort: Desexuell!
Wenn Sohn Johann dann den Beruf des katholischen
Priesters wählt, dann impliziert dies die Verpflichtung
auf ein Sexualleben zu verzichten. Nun, wenn dies für
Johann kein größeres Problem darstellt, dann stellt die
katholische Kirche damit eine Bedingung, die Johann
sicherlich schon sein Leben lang erfüllen musste. Lucia
kann ihren kleinen Sohn annehmen, wenn dieser
desexuell ist. Warum? Hier finden Sie die Bestätigung
der obigen Lesart, die bis hierhin vielleicht noch mit
anderen Lesarten hätte konkurrieren können. Aber mit
dem kleinen Johann und seinem Priesterwunsch
schließen sich andere Möglichkeiten aus.

Zwischendurch scheint es mir wichtig, zu betonen, dass
man nie den Umkehrschluss ziehen darf. Nicht jeder,
der Priester wird, war Partnerersatz einer desexuellen
Mutter. Das wäre völlig falsch und ein Anzeichen dafür,
dass die Methode der Objektiven Hermeneutik
unverstanden geblieben ist. In der
Familiensystemdiagnostik würde man niemals eine
Fallstrukturhypothese auf einem einzigen objektivem
Datum aufbauen. Nur die chronologische
Rekonstruktion zahlreicher objektiver Daten, die alle
mit einer Lesart, also im Gesamtzusammenhang zu
erklären sind, macht das Erfassen der Realität aus.

Nun wissen wir schon sehr viel über Lucia:

- *Sie kann mit ihren Kindern nicht in liebender Beziehung sein.*
- *Sie lehnt unbewusst ihren Mann und dessen Familie völlig ab.*
- *Sie hat ein Problem mit Sexualität.*

Sie möchte vielleicht als Mutter funktionieren, doch ihr Tod ein Jahr nach der Geburt des jüngsten Kindes spricht eine andere Sprache. Sowohl Mutter-Sein, als auch Ehefrau-Sein war für Lucia nicht lebbar. Hierin fühlte sie sich nicht geliebt und konnte nicht einmal so funktionieren. Was hätte sie erkennen und lösen müssen? Woran ist sie gescheitert? Ihre kleine Tochter Lucia ist 5 Jahre alt, als die Mutter stirbt. Als älteste Tochter steht sie in gerader Identifikationslinie mit ihrer Mutter; was diese nicht auflösen konnte, hat die Tochter Lucia nun zu tragen. Worin aber besteht die Hauptthematik? Es ist an dieser Stelle der Analysearbeit nun notwendig, die verschiedenen Fakten zusammenzufügen, d. h. wir müssen verschiedene Lesarten entwickeln, die alle Daten erklären können. Bei dieser Datenfülle, kommt da nicht allzu viel Konkurrierendes zusammen. Versuchen wir es mal:

Mutter Lucia muss eine desaströse Kindheit gehabt haben. Sie ist von Ihrer Mutter mehr gebraucht als geliebt worden und was ihren Vater anging, so war hier keine unbeschwerte Vater – Tochter – Beziehung möglich. Väterliche Zuwendung wurde vermutlich nur in Verbindung mit sexualisiertem Verhalten erfahren, also als Zuwendung, um väterliche Bedürfnisse zu befriedigen. Deshalb hat sie gelernt, Männer als feindliche Objekte einzustufen, da sie Frauen mit ihrer

Sexualität zum Opfer machen. Sexualität ist durchgängig negativ besetzt und die einzige Lebensberechtigung für Lucia scheint in einer Magdtätigkeit zu bestehen. Sie heiratet Johann Peter vielleicht noch in großer Hoffnung, ihrem kümmerlichen Leben neuen Schwung zu geben, aber die Ehe wurde zunehmend zu einem Deja vu hässlichster Art. Offenbar begegnet sie der Thematik in gesteigerter Form, vor der sie eigentlich fliehen wollte. Aber da jeder nur das erkennt, was er kennt, kann man eben nicht vor sich selbst davon laufen und gerade bei der Wahl des Partners reproduzieren wir die Bedingungen, unter denen wir gelernt haben zu lieben oder geliebt zu werden. Lucia ist in dieser Ehe sehr schnell an ihre Grenzen gelangt. Sie empfindet keinerlei Liebe, sondern ist von allem und von sich selbst maßlos enttäuscht. Unter dem frühen Tod ihrer Kinder leidet sie, solch einen Schicksalsschlag kann sie nicht verstehen und vielleicht erntet sie zudem noch massivste Vorwürfe seitens ihres Mannes. Letztlich gibt es nichts mehr, was sie in dieser Welt hält, versagt sie doch in ihren Augen in sämtlichen Diensten und Funktionen. Sie ist schon zu Lebzeiten überflüssig geworden, ja vielleicht hat sogar eines ihrer Kinder bereits ihre Position übernommen? Etwas provokant muss also die Frage demnach erlaubt sein, ob nicht Johann Peter seine Lucia mitunter verwechselte? Überlegen Sie selbst, wie es sich anfühlt, wenn Ihr Kind nach Ihrer Partnerin / Ihrem Partner benannt ist? Sollte Sohn Johann für Mutter Lucia eine Art Partnerersatz sein, dann ist natürlich auch naheliegend, dass die kleine Lucia in Ersatz für Mutter Lucia fungierte. Die kleine Lucia hätte somit endlich das Gefühl, dass jemand sie sieht, sich für sie interessiert. (Unter diesen Parametern lernte sie, dass Gesehenwerden, Interesse wecken oder sonstige Zuwendung an sexualisiertes Verhalten gebunden ist.) Immerhin war Mutter Lucia die sexuelle Zuwendung ihres Mannes schon lange unangenehm, was zu massiven Konflikten führte ... und doch opferte sie sich immer wieder. Ihre Kinder hingegen waren so rein und unschuldig ... und genau diese mussten sterben. An alledem ging Lucia zugrunde. Und da sie nie eine innige Beziehung zu ihren Kindern hatte, war das Schicksal der lebenden Kinder für sie kein Überlebungsgrund. Wie schrecklich muss das für die Kinder gewesen sein, die doch alles dafür getan hatten, dass es ihrer Mutter besser gehen sollte. Hatten sie versagt? Alle Kinderchen werden sich jedenfalls mehr oder weniger schuldig gefühlt haben. Normalerweise werden Mütter kleiner Kinder nicht einmal krank, v. a., wenn sie ihr Sein wesentlich über diese Rolle definieren. Lucia aber stirbt. Die Ehe mit Johann Peter war eh eine Sackgasse.

Nun ist es an der Zeit, die ausgewerteten Daten in einer rekonstruierten Geschichte aus der Sicht der Lucia, also Ferdinands Frau, zusammenzufassen und die folgenden Objektiven Daten in die Geschichte zu integrieren. Alle objektiven Daten müssen mit **einer** plausiblen Erklärung gelesen werden! Fernsehdetektiv Monk (der seine Fälle ebenfalls nach einem rekonstruktiven Verfahren löst) würde nun sagen: „Ich habe den Fall gelöst, es hat sich folgendermaßen zugetragen ..."

Lucia wird am 18.12.1886 geboren, in eine Lebenswirklichkeit, die der mütterlichen Wärme, der väterlichen Fürsorge, der familiären Ausgeglichenheit, der geschlechtlichen Annahme und der Lebensfreude entbehrt. Die Situation ihrer Eltern wurde oben ausführlich erörtert. Mutter Lucia ist eine seelisch gebeutelte Frau, die über ihre eigenen Probleme nicht hinaus schauen kann. Die Kinder bleiben ihrer Liebe bedürftig, und die Situation verkippt in der Hinsicht, dass die Kinder sich für die Eltern und deren Wohlergehen verantwortlich fühlen, was genau umgekehrt der Fall sein müsste. Die Kinder bemühen sich, die Bedürftigkeit der Eltern zu stillen. Die Kinder haben es aber bei ihren Eltern mit tiefsten seelischen Verletzungen und einer brisanten sexuellen Thematik zu tun. Das oben Ausgeführte erzwingt weiterhin den Schluss, dass sämtliche Lebensphasen nach Meinhold letztlich weit vom Ideal abweichen. Die kleine Lucia erfährt in ihren ersten Lebensjahren den Tod ihrer kleinen Schwester. Auch oder gerade weil sie dieses tragische Ereignis nicht bewusst wahrnehmen kann, weil sie sich ja noch im Bewusstsein tiefer Hypnose befindet, erlebt sie mehr oder weniger unmittelbar die Trauer der Mutter, die jetzt sehr mit sich selbst beschäftigt ist. Wäre es für Lucia ideal gewesen, möglichst viel Angenehmes zu erfahren, gestillt zu werden und in engem Kontakt mit der Mutter zu sein, so muss sie das Gegenteil all dessen erleben, mit allen schädigenden Folgen, die das impliziert. Durch die Geburten ihrer Geschwister erfährt sie sehr früh, dass ihre Mutter sich nicht auf sie konzentrieren kann. Diese ist ständig mit Arbeit und Säuglingen beschäftigt, was für Lucia bedeutet, völlig alleine zurecht kommen zu müssen und das in einem Alter, wo der kleine Mensch seine Grundsicherheit durch sein Rundumversorgtsein erleben müsste. Lucia muss also gelernt haben, mit dem seelischen Existenzminimum auszukommen. Wie viele Ängste mögen die Kleine gequält haben, da sie an Stelle von Urvertrauen Urmisstrauen ausprägen musste. Als sie 4 Jahre alt war, starb ihr jüngster Bruder Jakob. Schon wieder stand die kleine Lucia neben ihrer zerbrochenen Mutter vor dem offenen Grab und spürte die Hilflosigkeit dieser Situation. Gedanken wie: "Hätte ich besser auf Jakob aufgepasst" oder „eigentlich wollte ich gar nicht, dass noch ein kleines Geschwister die Aufmerksamkeit auf sich zieht, die ich gerne von der Mama hätte", könnten zu frühen Schuldgefühlen geführt haben. Als „große" Schwester musste sie sicherlich damals schon im Sinne der Mutter, mit deren Defiziten ausgestattet, funktionieren. Vielleicht hatte sie etwas falsch gemacht? Lucias Probleme wuchsen beständig an. Aber das schlimmste traumatische Ereignis war der Tod der Mutter. Lucia war genau in dem Alter, indem es um die Erfahrung von Macht und Ohnmacht geht, von Kontrolle und Kontrollverlust. Der Tod der Mutter machte sie nicht nur ohnmächtig, sondern sie verlor die kleinste Gewissheit in ihrem Leben. Es ist sehr naheliegend, dass sie sich an dem Tod der Mutter schuldig fühlte. Sie wusste doch um die Überlastung ihrer Mutter, wie oft hat diese kränklich gejammert und geweint, weil irgendetwas ihr zu viel war. Hätte Lucia doch noch mehr helfen können, wäre sie doch noch braver gewesen? Kinder, die eine miserable Situation erleben und mit Defiziten ausgestattet sind, die in den Tiefen der Seele wurzeln, denken, alles Schlechte passiert ihretwegen, weil die Eltern doch omnipotent und gut sind. Mit diesen ganzen seelischen Defiziten „ausgerüstet", bleibt das kleine Mädchen alleine. Der Vater hat sich um das Familieneinkommen zu kümmern

und nun auch noch alleine um die Kleinstkinderschar.
Als älteste Tochter kommt Lucia spätestens hier
besonders in die Pflicht. Auf ihr lastet der Druck,
mütterliche Verantwortung übernehmen zu müssen, die
Lücke, welche die Mutter hinterlassen hat, zu füllen.
Was da alles genau dazu gehört, muss man sicher offen
lassen, aber dass der Platz der Mutter kein
lebensfreudiger war, ist evident. Der Vater entzerrt die
Situation knapp 4 Jahre nach dem Tod seiner Frau,
indem er erneut heiratet. Diese Ehe bleibt kinderlos,
obwohl seine neue Braut erst 34 Jahre alt ist. Lucia ist
10 Jahre alt, als sie eine Stiefmutter bekommt. Ob das
Leben nun für sie leichter wurde, ist fraglich. Nicht
umsonst wird die Stiefmutterproblematik oft
Gegenstand grausiger Märchen. Dass in der zweiten
Ehe keine Kinder geboren wurden, dürfte sich eher zu
Gunsten der Kinder ausgewirkt haben. Aber was sehr
wohl sein kann, ist dennoch eine Verschlechterung der
seelischen Situation von Lucia, nämlich dann, wenn sie
durch den Tod der Mutter eine positive Aufmerksamkeit
des Vaters auf sich richten konnte, die jetzt wieder
versiegt. Selbst negative Zuwendung erfahren
Menschen als Zuwendung, aber gar nicht gebraucht,
geschweige denn geliebt zu werden, ist herzzerreißend.
Unter Umständen wurde Lucia seitens ihres Vaters nun
einfach fallen gelassen und nun nicht mehr gebraucht,
wie ein lebloser Gegenstand, der durch einen anderen
ersetzt wird. Lucia hatte sicherlich sowieso schon
starke Selbstzweifel, wie sie eigentlich sein sollte. Ihr
fehlte ja jegliche positive Identifizierungsmöglichkeit
mit ihrer Mutter, die für die gesunde sexuelle
Entwicklung notwendig ist. Als kleines Mädchen konnte
sie sich nur mit einer leidenden Mutter identifizieren,

*dann fehlte ihr jeglicher Halt und nun gab es eine
andere Frau in der Familie, die offensichtlich etwas
hatte, was ihr fehlte. In der sog. Pubertät war nun die
Stiefmutter richtungsweisend. Diese gebar aber keine
Kinder, was damals doch sehr ungewöhnlich war.
Irgendeine Störung ihrer Geschlechtlichkeit lag vor,
wie auch immer geartet. Und diese war nun maßgebend
zur sexuellen Identifikation. War die Entwicklung
Lucias bis dazu defizitär, dann ist nicht davon
auszugehen, dass sie in der Phase der 2. Reifung alles
gelöst bekommt. Es scheint so, dass sie in dieser
Lebensphase ihren künftigen Mann, nämlich unseren
Ferdinand kennen lernt, denn Ferdinand ist – und jetzt
gut aufgepasst – der Bruder ihrer Stiefmutter!!! Ja, das
war dann äußerst praktisch - Ferdinand war ja sowieso
durch diverse Familienfeste mit Lucia bekannt und
ging in der Familie ein und aus. Die Stiefmutter konnte
gegen diesen Bräutigam sicher nichts einwenden und
auch der Vater hätte sich dabei „den Mund verbrannt".
Ja, wenn man sich das so recht überlegt, dann hat sich
möglicherweise Lucia gar nicht für Ferdinand
entschieden, sondern alle anderen haben das so
arrangiert. Haben wir es mit einem Deal zu tun?
Möglicherweise! Eine Heirat in der Familie! Aber die
Betroffenen sind ja nicht verwandt und trotzdem, wenn
es den Ausdruck gäbe, dann müsste man sagen:
Ferdinand ist der Stiefonkel von Lucia und ihr
Ehemann. Das hat eindeutig etwas inzestuöses, weil
innerhalb der Familie unklare Grenzen bestehen und es
zur Generationsvermischung kommt. Der
Altersunterschied von Lucia und Ferdinand ist zwar nur
sechs Jahre – wie wir eingangs festgestellt haben - aber
diese sechs Jahre drücken diesfalls eine Asymmetrie*

aus, die durch Verwandtschaftsverstrickungen entstanden ist. Normalerweise ist der Onkel als Freund tabu, hier wird er geehelicht. Auch wenn keine Blutsverwandtschaft besteht, so muss man doch sehen, dass es hier zur Heirat innerhalb der Familie kommt. Warum greift Lucia nicht über die Familiengrenzen hinaus? Entweder, wie schon vermutet, wird sie nicht lange gefragt, sondern aufgeheiratet, oder aber sie traut sich gar nicht aus dem Blickfeld der Familie weg, ist so wenig selbständig, dass sie sich nur in verwandtschaftlichen Abhängigkeitsbeziehungen bewegen kann. Vielleicht ist es genau die Art geliebt zu werden, die sie einzig kennen gelernt hat: nämlich in einer verwandtschaftlichen Abhängigkeit. Dann hätte ihr Vater sich doch „sehr väterlich" gekümmert, als er mit der Heirat seiner zweiten Frau gleichzeitig für die Ersatzzuwendung seiner Tochter sorgte.
Wir müssen an dieser Stelle der Familiensystemdiagnostik unbedingt die Lesart der sexuell missbräuchlichen Beziehung einführen. Wenn ich das Thema weiter oben schon schonend und vorsichtig für den Leser andeutete, nämlich dass Lucia die Existenz ihrer Mutter überflüssig machte oder nach deren Tod ihre Position – auch neben dem Vater – einnahm, so müssen wir hier mit Nachdruck feststellen, dass Familiengrenzen verletzt werden und auch darüber hinaus sämtliche Indikatoren eines inzestuösen Systems vorliegen.

4.4 Typische Merkmale eines inzestuösen Systems

In der Familiensystemdiagnostik spricht man von einem inzestuösen System, wenn es zur generativen

Ebenenvermischung kommt, weil auf gleicher, partnerschaftlicher Ebene keine erfüllende Sexualität gelebt werden kann.

Die Menschen dieses Systems haben sowohl tiefe seelische Verletzungen, als auch Entfaltungsstörungen ihrer sexuellen Entwicklung. Die tiefen seelischen Verletzungen rühren aus frühester Kindheit: Das Kind wird nicht um seines Selbstes willen geliebt, sondern muss im Dienst der Eltern funktionieren:

Der kleine Junge musste brav und lieb sein und das war er dann, wenn er seine Mutter in keiner Weise mit seiner sexuellen Entwicklung und seinen sexuellen Wünschen konfrontierte. Nur dann redete die Mutter lieber mit ihm, als mit ihrem Mann, dann war der Junge nicht nur der bevorzugte Gesprächspartner, sondern letztlich der bessere Mensch resp. Mann. Ihr Mann war immer so unzufrieden mit ihr, beschwerte sich ständig über mangelnde Liebesnächte und darüber, dass die Frau ja nur mehr Mutter sei und überhaupt keine Ehefrau. Das ständige Geplärre war sie Leid.

Das kleine Mädchen erlebte innerfamiliäre Zuwendung nur in Verbindung mit Sexualität. Wie kam es dazu? Die Mutter war immer so streng und ständig beschäftigt. Ihr Leben bestand aus Arbeit und sonstiger Leistung, Vergnügen und Lust schienen ihr fremd zu sein, die waren ihr anscheinend irgendwann abhanden gekommen. Der Vater war der Verständigere, kein Wunder, schimpfte die Mutter doch oft genug auch über ihn. Der Vater nahm das kleine Mädchen ernst. Mit ihr konnte er sein, ohne Prügel zu beziehen. Wie gerne nahm er die Kleine auf den Schoss und wie „mochte" sie seine Zuwendungen, waren diese doch für beide die einzigen emotionalen Erfahrungsmöglichkeiten.

Am sog. Bio-Sozialen Grundmodell des Familiensystems nach R. Rüberg (Soziologe) lassen sich die optimalen Strukturen einer Kernfamilie verdeutlichen und die Abweichungen verständlich machen:

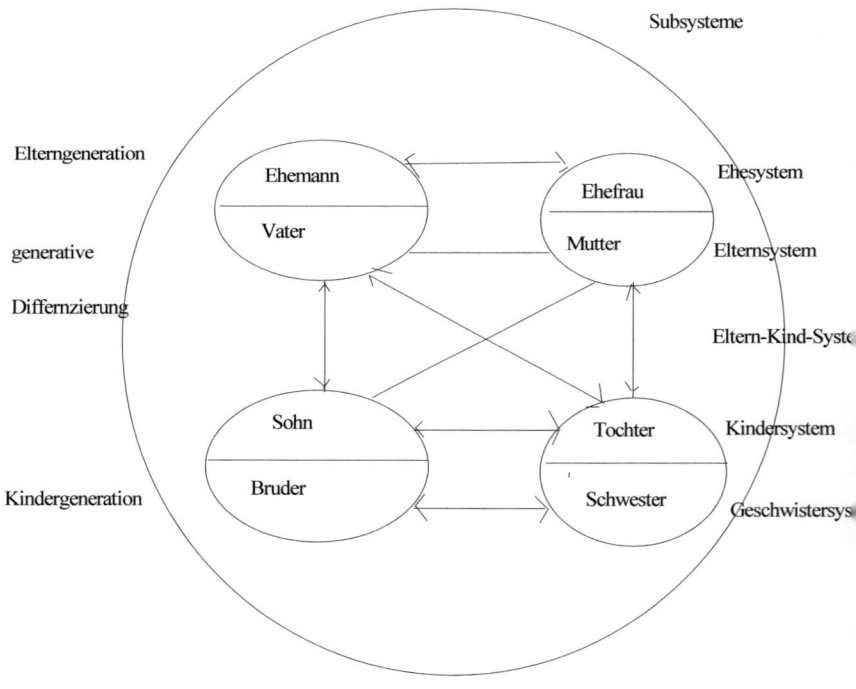

In diesem schematischen Grundmodell enthält das Familiensystem

- vier familientypische <u>bio-soziale Grundpositionen</u>, jeweils gekennzeichnet durch die bestimmte Generation- und Geschlechtszugehörigkeit.
- acht familientypische <u>Elementarbeziehungen</u> (Dyaden)
- acht familiale <u>Rollentypen</u>; jede Grundposition umfasst zwei spezifische Rollen.
-

Die Rollenkonzeptionen in der Familie sind
- z. T. gesellschaftlich vorgegeben
- z. T. familien-intern entwickelt (flexibler innerfamilialer Rollenspielraum)

Da die Mitglieder nicht nur partiell, temporär und funktional am Familienleben beteiligt, sondern als ganze Menschen dauerhaft dazugehören und eingebunden sind, ist Familie primär und über alle Rollen hinaus ein personales Beziehungssystem.

In diesem Modell einer Kernfamilie gibt es klare Differenzierungen zwischen den Generationen, eine klare Rollenverteilung und klare personale Bezüge.

In der inzestuösen Familie kommt es einerseits zur Sub-Systemvermischung und andererseits zur Generationsvermischung. Hier sind sämtliche Koalitionen und Konstellationen denkbar. Ein Kind oder auch mehrere, gleichzeitig oder auch nacheinander, werden zwischen die Eltern platziert. Damit ist deren Abstand zueinander gesichert. Praktisch kann sich das u. a. so ausdrücken, dass das Kind/die Kinder permanent im Ehebett schlafen, auch über die ersten Jahre, wo dies **für die Kinder wichtig** sein kann, hinausgehend. Im missbräuchlichen System werden die Interessen der Eltern regelmäßig vor die der Kinder gestellt. Oft erleben die Eltern sogar, dass sie alles für ihre Kinder tun, ihnen alles ermöglichen, kaufen ... und merken dabei nicht, dass sie sich letztlich damit nur deren Liebe erkaufen möchten. Manchen Eltern wiederum dient ein Leben mit Kindern nur zur Erfüllung der gesellschaftlichen Normalitätsfolie. Solche Eltern tun „alles" für ihre Kinder, damit diese im gesellschaftlichen Strudel möglichst an Position 1 mitschwimmen, denn das ist dann „ihr Erfolg". Kinder werden Teil eines elterlichen Funktionsprogramms, dafür werden sie gebraucht/missbraucht. Die kindlichen Bedürfnisse werden völlig missachtet, die Kinder geraten - letztlich wegen der Bedürftigkeit der Eltern – völlig aus dem Auge. Sie werden also von den Eltern in eine Position gebracht, die sie völlig überfordert, die sie in ihren Belangen ignoriert und in ihrer positiven Entfaltung schädigt. Kein Missbrauch, ob emotionaler oder sexueller Missbrauch, bleibt ohne schädigende Konsequenzen für das Kind. Es wird uns Eltern oftmals passieren, dass wir unsere Wünsche vor die unserer Kinder stellen oder ihre Belange schon mal übersehen. Von emotionalem Missbrauch sprechen wir dann, wenn dieses Verhalten Struktur annimmt und zum festen Familienmuster wird.

Die Grenzen innerhalb dieser Familien sind nicht nur verwischt und verschoben, auch die Grenze um die Familie entbehrt der notwendigen Klarheit.

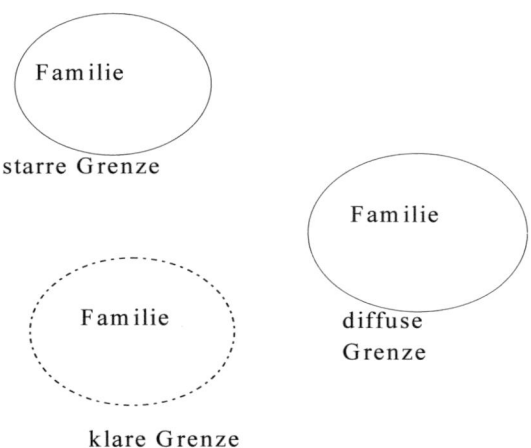

starre Grenze

klare Grenze

diffuse Grenze

Optimalerweise ist die Grenze um die Familie klar, d. h. die Familie ist im sozialen Umfeld integriert. Dabei lässt sie sich in ihrem selbst bestimmten Umfang auf die Gemeinschaft und Gesellschaft ein. Sie trägt zur Gemeinschaft bei und lässt sich auch von dieser „inspirieren". Es gibt aber auch familiäre Angelegenheiten, die nicht nach außen dringen, die sozusagen „Familiensache" sind und einen intimen Schutzraum in der Familie finden. Ebenso gibt es einen gesunden Filter in diesen Familien, der nicht Allem Einlass gewährt, was von außen kommt.

Im Unterschied zu der klar abgegrenzten Familie gibt es die Familie mit diffusen Grenzen. Das sind die Familien, bei denen es zugeht, wie im Taubenschlag: Jeder geht und kommt, wann er will. Falls es irgendwelche Richtlinien gibt, dann sind diese völlig unverbindlich und leicht veränderbar. Meist sind die Familienmitglieder sehr kontaktfreudig und haben ein hohes Bedürfnis der sozialen Entfaltung. Der interne Tagesablauf ist kaum strukturiert, so dass jeder äußere

Einfluss zur familiären Störung werden kann. Wollte die Mutter heute mal endlich aufräumen, so hat der morgendliche Kaffee-Besuch der Nachbarin heute doch etwas zu lange gedauert - es gibt aber auch immer so viel zu besprechen. Also auf ein Morgen, Morgen, Morgen ... Es ist für diese Mutter unseres Beispiels fast unmöglich zu sagen: „Schön, dass Du mich wieder besuchen kommst, aber wir müssen unsere Konversation auf Morgen verschieben, denn heute habe ich mir vorgenommen, aufzuräumen - ich bitte um Dein Verständnis." Die Kinder spielen vorzugsweise „auf der Straße", essen sich irgendwo durch und sind früh auf sich selbst verwiesen. Es gibt in diesen Familien kaum Halt und Struktur, dafür viel (zu viel) Offenheit und Freiraum. Es fehlen eben die klaren Grenzen, nicht nur um die Familie herum, sondern auch die persönlichen Abgrenzungsmöglichkeiten der Familienmitglieder.

Das Gegenteil einer diffusen Familie ist die Familie mit starren Grenzen. Hier dringt aus der Familie nichts nach außen, die Familie sondert sich vom sozialen Geschehen völlig ab und erlebt die Außenwelt als feindlich. Hier könnte der Vater zu seinem Sohn sagen: „Glaub mir, mein Junge, einen wahren Freund gibt es nicht. Blut ist eben dicker, als Wasser". Es gelangt weder etwas aus der Familie nach außen, noch von außen etwas in die Familie. Alle Regeln und Verhaltensmuster sind sehr streng und unnachgiebig, kaum etwas steht zur Diskussion, alles ist autoritär strukturiert. Bei diesen Familien bekommt man einfach keinen „Fuß in die Tür" und die Kinder leider kaum einen „Fuß vor die Tür". Gerade in solchen Familien sind für die Kinder kaum Fluchtwege möglich. Die Familie bleibt für die Außenwelt nebulös, sonderbar und voller Geheimnisse.

Die diffusen und die starren Familien haben jeweils Schwierigkeiten mit Grenzen. Grenzverletzung ist die Thematik, die in diesen Familien zum Ausdruck kommt. Die Ursache hierfür ist nicht selten irgendeine Form von Missbrauch, denn der Missbrauch ist immer eine persönliche Grenzverletzung und führt konsequent zu Abgrenzungsproblemen. Ein missbrauchtes Kind wird größte Schwierigkeiten haben, „nein" zu sagen. In sämtlichen späteren Lebensbezügen wird diese Schwierigkeit es begleiten.

Ein inzestuöses System ist also auch daran zu erkennen, dass die Grenzen um die Familie diffus oder starr sind.

Kehren wir noch mal zurück zu dem kleinen Jungen und dem kleinen Mädchen und deren möglichen Erlebniswelten:

Wachsen diese missbrauchten Kinder heran, so werden sie das Muster, dem sie Zuhause entsprechen mussten, weiter ausprägen, da es das einzige ist, was sie auf der Suche nach Zuwendung und Liebe gefunden haben. Nur so haben diese ungeliebten Kinder eine Chance, geliebt zu werden. Gleichzeitig leiden beide unter der Situation. Der junge Mann leidet unter seiner sexuellen Unterdrückung und der klammernden „Liebe" der Mutter, die ihn als Partnerersatz benutzte. Die junge Frau leidet, weil ihr Geliebtwerden von einer kindlich sexualisierten Abhängigkeitsbeziehung abhängt, aus der sie zwangsläufig herauswächst. Sie erlebt, wie es ist „Fallen gelassen zu werden". Nicht mehr gebraucht zu werden, ist für sie das Schlimmste.

Als junge Erwachsene suchen sie sich kompatible Partner:

Der junge Mann findet besonderen Reiz in einer Beziehung, die viel Sexualität verspricht, lange genug hat er gelitten, nun wird gelebt, deshalb sucht er sich eine junge (meist viel jüngere) attraktive Frau. Eine andere Möglichkeit ist, dass er sich, sozusagen in Abfindung mit seiner Desexualisierung, für eine „Versorgerehe" entscheidet und eine mütterliche Frau heiratet, die meistens auch etwas älter ist, als er. Nicht selten ist eine solche Kindheit aber auch die Motivation für das katholische Priesteramt, das Macht verspricht und mit seiner Forderung nach Zölibat keine neue Leistung erfordert. Möglich wäre auch eine homosexuelle Entwicklung. Dies ist keine abschließende Aufzählung der möglichen Entscheidungen, die eine solche Kindheit eröffnet.

Was könnte die junge Frau machen?
Die junge Frau verliebt sich vorzugsweise in aller Heimlichkeit in einen älteren Mann, findet an der Sexualität das „Verbotene" reizvoll und reduziert ihre Attraktivität auf ihre sexuellen Reize. Wird die Beziehung legitimiert, worauf der Mann drängt, der gelernt hat zu klammern, um zu besitzen, dann versiegen die sexuellen Wünsche der Frau. Sie wird erneut ohnmächtig und findet sich als dienende Magd wieder, deren Funktion es ist, ihren Mann rundum zu befriedigen.

Möglich wäre auch, dass die junge Frau bemüht ist, aus einer dominanten Position heraus ihre Macht zu sichern, um nie mehr Opfer zu sein. Dann sucht sie sich einen Mann aus, der jünger ist als sie, oder womöglich jemanden, der beruflich in ihrer Abhängigkeit steht. Sie hat sich gesagt: Was soll es mit den Gefühlen, wichtiger ist für mich, nie mehr ohnmächtig zu sein. Eine Beziehung jenseits von Abhängigkeit wäre für sie ein ganz neues Modell.

Partnerschaft auf gleicher Ebene ist für sie nicht reizvoll. Sie träumt von mutigen Rettern und Helden, von Berühmtheiten oder anderen „Tabumännern", um aus der seelischen „Aschenputtelposition" heraus gerettet zu werden. Ihr kompatibler Mann seinerseits befindet sich nun in der frustrierenden Wiederholungsschleife. Soll er nach solch verheißenden Verlockungen nun schon wieder seine Sexualität unterdrücken? Er liebt sie so sehr und kann nicht verstehen, dass sie ihn, nach anfänglichem Ansturm, nun nicht mehr begehrt.

Für diese „mächtige" Frau wäre auch ein Mann kompatibel, der in der Ehe impotent ist, außerhalb der Ehe aber recht gut „funktioniert". Diese „mächtige" Frau fühlt sich ihrerseits wieder bestätigt, was die Untauglichkeit von Männern anbelangt, ohne ihre eigenen Inkompetenzen erleben zu müssen. Nun schwillt der Konflikt an und man kann unterschiedliche Varianten beobachten, wie Eheleute mit dieser Situation umgehen. Neben dem Fremdgehen, dem Kompensieren in Höchst-Leistung, dem frühen Tod eines Partners oder sonstiger Trennung, ist die klassische Reproduktion des Missbrauchs-Musters eine Variante. Wenn das junge Paar Kinder hat, dann wird die Mutter den Sohn als Partner bevorzugen und der Vater möglicherweise die Tochter, ... und das inzestuöse Muster feiert fröhliche Urständ in verschlimmerter Form. Der sexuelle Missbrauch ist eine dieser verschlimmerten Varianten.

Nur im Erkennen und Verstehen der sexuellen Thematik in ihrem Ursprung liegt die Lösung und das Ende des Leids aller beteiligten Personen.

Die Hauptthemen des inzestuösen Musters sind also:

- Emotionaler Missbrauch (Funktionalisieren von Kindern, zur eigenen Bedürfnisbefriedigung)
- Abhängigkeitsstrukturen
- Lieblose Autorität
- Desexualisierung
- Macht/Ohnmacht
- Grenzüberschreitungen

Nun zurück zu unserem Beispiel:

Unsere anfänglichen Fragen, warum Ferdinand „etwas spät" und eine „etwas junge" Frau heiratet, kann somit nicht mit einer leicht zu vernachlässigenden Abweichung von der sog. Normalitätsfolie beantwortet werden, sondern Ferdinand und Lucia leben offensichtlich die Reproduktion von Abhängigkeitsbeziehungen. Diese macht sich diesfalls in dem leichten Altersgefälle bemerkbar und in der Stief-Verwandtschaft. Das späte Heiratsalter des Ferdinand zeugt von seiner Mutterbindung, die lebensfeindlich und desexuell war. Was können die beiden nun leben? Wie oben beschrieben, gibt es mehrere Varianten. Schauen wir uns an, für welche sich Lucia und Ferdinand – freilich unbewusst – entschieden haben.

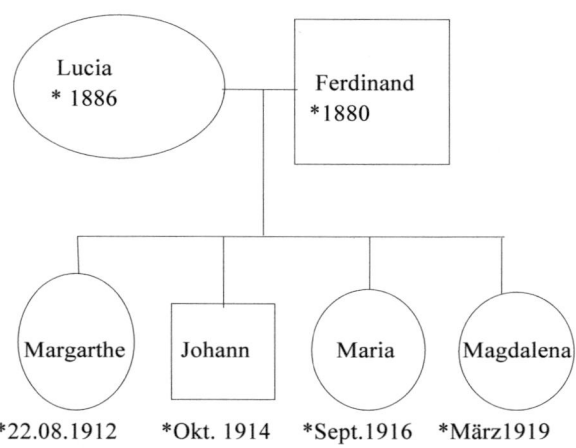

geh. 10.09.1911

Lucia
* 1886

Ferdinand
*1880

Margarthe   Johann   Maria   Magdalena

*22.08.1912   *Okt. 1914   *Sept.1916   *März1919

Am 22.08.1912 kommt die kleine Margarethe zur Welt, also knapp ein Jahr nach der Hochzeit, so wie das sich für diese Zeit und diesen Ort gehörte. Warum heißt das kleine Mädchen Margarethe? So heißt auch die Stiefmutter von Lucia und damit ja auch die Schwester des Ferdinand. Hier herrschen besondere Symphatien, warum wohl? Dass die ältere Schwester großen Einfluss auf Ferdinand hat, das hat sich schon darin gezeigt, dass er in die gleiche Familie einheiratet. Mit der Namenswahl seiner Tochter, die offensichtlich er getroffen hat, dokumentiert er diese Nähe und ehrt seine Schwester gleichzeitig. Im Oktober 1914 gebiert Lucia einen Jungen, den sie Johann, nach ihrem Vater nennt. Aber auch Ferdinands Vater hieß Johann, also könnte es abermals er gewesen sein, der den Namen gewählt hat. In der Namenwahl drückt sich u. a. aus, wie die Dominanzverhältnisse in der Familie gelagert sind. Im September 1916 kommt die kleine Maria zur Welt und im März 1919 Magdalena. Auch diese Namen stammen aus

Ferdinands Familie. Werden die Kinder z. B. ausschließlich auf die Namen der Vorfahren mütterlicherseits getauft, so widerspricht das nicht nur einem tradierten Benennungs-Muster, das bis in die 30iger Jahre vielerorts handlungsleitend war, sondern gibt Zeugnis davon, wer in der Familie „das Sagen" hat. Wie gerne hätte Lucia ein Mädchen traditionsgemäß Lucia (nach ihrer Mutter) genannt, aber das war ihr nicht vergönnt. Der Geburtenabstand ist unauffällig, auffällig ist das Verhältnis Jungen zu Mädchen, 1:3. Ja, auch das hat eine Bedeutung. In der Geschlechterverteilung drücken sich Lucias Möglichkeiten aus. Früher sagte man: Sie schenkt ihrem Mann einen Sohn, wenn dieser sehnsüchtig auf einen Stammhalter wartete. Manche Frauen schenken ihrem Mann Töchter, andere lehnen das eigene Geschlecht ab und gebären vorwiegend Jungen, da sie Männer als die besseren Menschen ansehen, wieder andere lehnen das männliche Geschlecht so stark ab, dass ausschließlich Mädchen zur Welt kommen. Das mag sich jetzt alles doch sehr banal anhören, ist aber zum einen nachweisbar, zum anderen nur die konsequente Anwendung des Perspektivwechsels, von einem materialistischen zu einem geistigen Weltverständnis. Wenn die junge Frau entsprechende geschlechtliche Ressentiments hat, dann muss diese geistige Botschaft sich auch materialisieren. Nun wissen wir aus der Biologie, dass die Geschlechtsfestlegung durch die Information des Samens begründet wird. Aber welches Geschlecht die Frau letzten Endes austrägt, das unterliegt ihren unbewussten Strukturen.

Was können wir aus den jüngsten Daten schließen? Hat Lucia es doch mit Ferdinand geschafft, frühe Ängste, Wunden und Selbstzweifel zu erkennen und zu überwinden? Der Geburtenabstand lässt das erhoffen, da sie Zeit hat, mit jedem Kind in der mütterlichen Symbiose zu sein, das ist eine eindeutige Verbesserung. Aber das nächste objektive Datum lässt uns schlagartig ernüchtern: Am 10.01.1922 stirbt Lucia im Alter von 36 Jahren. Das ist nicht das Ende eines gelungenen Lebensentwurfs, sondern ein traumatisches Geschehen in der Familie und das Scheitern Lucias an ihren Herausforderungen. Hat ihre Vergangenheit sie eingeholt? Was ist passiert? Die älteste Tochter Margarethe ist 11 Jahre alt, als sie plötzlich ohne Mutter leben muss und als Älteste nun in eine Verantwortung kommt, die ihre Lebenstauglichkeit daran misst, inwieweit sie sich bei der neuen Pflichterfüllung bewährt. Margarethe steckt nun tatsächlich in einer ähnlichen Situation, wie ihre Mutter seinerzeit. Sie hat exakt die gleichen Themen und das ist nicht verwunderlich, weil ihre Mutter Lucia offensichtlich nichts von den latent herrschenden Themen erkannt hat. Themen wiederholen sich so lange, bis sie erkannt werden oder aber die Menschen an ihnen zugrunde gehen. Margarethe steht somit in der Gefahr, auf den tödlichen Platz der Mutter positioniert zu werden, um dann die Verantwortung für ihre Geschwister zu übernehmen und vermutlich auch für das Wohlergehen ihres Vaters zu sorgen. Sie steht damit auch konsequent in der Gefahr, die sexuellen Wünsche ihres Vaters erfüllen zu müssen. Das wird ihr neues Bewährungsprogramm, das ist ihre Daseinsberechtigung. An Liebe ungenährt, leidet sie einerseits unter der viel zu hohen Belastung, andererseits hat sie nun ein System, in dem sie sich Anerkennung verdienen kann und Beachtung und Lob überhaupt erst möglich werden. Ja, plötzlich wird Margarethe irgendwie wichtig, oder war sie vor Lucias Tod vielleicht schon wichtiger als diese? Hier ist das Wandern der unerkannten Thematik über mehrere Generationen deutlich erkennbar.

Ob Margarethe in der Lage ist, ihre Situation zu erkennen, verrät das nächste objektive Datum: Sie heiratet am 14.01.1938 Heinrich, geb. am 07.07.1901, der 11 Jahre älter ist als sie. Sie findet sich also in einer asymmetrischen Beziehung wieder, in der es i. d. R. nur zwei Position gibt: Täter und Opfer. Das Altersgefälle in der Beziehung wird ja gerade deshalb gesucht, weil auf gleicher Ebene Partnerschaft nicht lebbar ist. Der eine Partner möchte die Abhängigkeit leben und die Verantwortung für sein Leben in die Hände des anderen legen. Der andere Partner fühlt sich nur sicher und stark, weil sein Gegenüber so viel schwächer zu sein scheint. Seine Macht baut auf der Schwäche des anderen auf. Man könnte meinen: Schön, dann ist ja alles klar, jeder hat das, was er suchte und beide können sich abends liebevoll einen Gute-Nacht-Kuss geben und sich gestehen: Schatz, ich b r a u c h e Dich so sehr. Doch Liebe ist etwas anderes; in Liebe sieht jeder den anderen, ohne sich dabei zu verlieren oder den andern für das eigene Selbst zu gebrauchen.

Und in der Tat, es handelt sich hierbei nicht um eine glückliche Ehe, weil es regelmäßig zu Kollisionen kommt, denn letztlich bringt der eine den anderen immer wieder an seine Persönlichkeitsgrenzen. Das scheint zu geschehen, damit ein jeder die Möglichkeit hat, zu erkennen, an welchen Stellen seine Seele vor Kummer nach Erlösung schreit. Häufig sieht man in Familiengeschichten das Wechseln der Positionen, bei

*ungelöster Thematik. War die Frau das Opfer, so
mutiert sie aus tiefster Not heraus zur Täterin und
macht den Mann zum Opfer. Das gilt natürlich auch
umgekehrt. Ebenso scheinen in der Verweigerung des
prägenden Handlungsmusters die Themen eher
aufzublühen. Nichts lässt sich unter den Teppich
kehren. Je deutlicher wir manchen Dingen den Rücken
kehren wollen, um so aufdringlicher holen sie uns ein.
Dies ist eine Gesetzmäßigkeit. Lösung der Thematik ist
etwas ganz anderes.
Was leben Margarethe und Heinrich in ihrer Ehe? Um
diese Wirklichkeit noch besser erfassen zu können und
um das bisher Gesagte zu plausibilisieren, sollte
zunächst die Frage geklärt werden: Wer ist überhaupt
Heinrich?*

geh. 27.01.1900

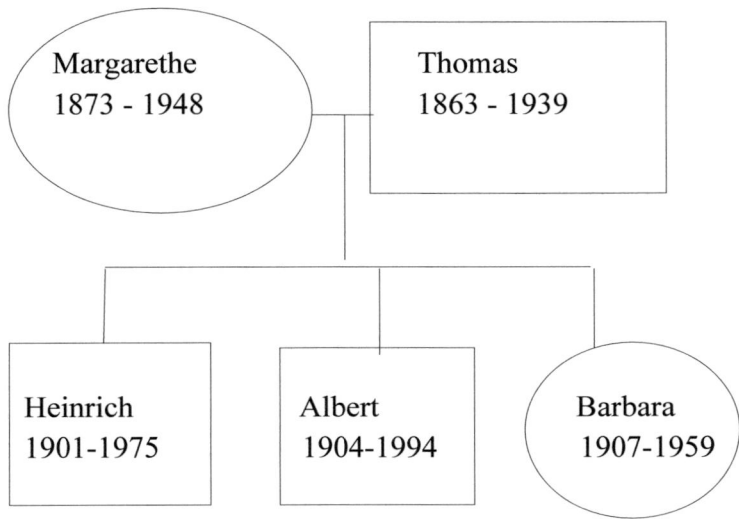

Heinrich ist ältestes Kind der Eheleute Margarethe und Thomas, die am 27.01.1900 geheiratet hatten. Seine Mutter Margarethe war am 07.10.1873 geboren, sein Vater am 13.12.1863. Heinrichs Eltern lebten also ebenfalls in einer asymmetrischen Beziehung und Heinrich scheint die Ehe seiner Eltern 1:1 reproduzieren zu wollen, sozusagen als bewährtes Lebensmuster. Was hat er denn als kleiner Junge erlebt? Schauen wir uns das doch mal genauer an. Heinrich hat erlebt, wie des Vaters Selbstwertgefühl u. a. von seiner häuslichen Machtposition abhing. Aus dem oben Dargestellten wissen wir, dass seine Mutter Margarethe mehr oder weniger massive Schwierigkeiten mit ihrer Sexualität haben musste. Zur Verdeutlichung sei nochmals gesagt, dass das junge Mädchen, das sich im Grunde nur nach starken väterlichen Armen sehnt, ihre sexuellen Reize als einziges Argument sieht, um Zuwendung zu erhalten. Hat sich die Beziehung verdichtet, erlischt das sexuelle Interesse und kehrt sich sogar ins Gegenteil. Das junge Mädchen fühlt einen Widerspruch zwischen den väterlichen Armen und dem sexuellen Interesse. Dieses komische Gefühl will sie letztlich nur erinnern an ihre sexuelle Prägung unter inzestuösen Parametern, von denen sie freilich nichts bewusst erinnert, denn dann müsste das Leben nicht so gelebt werden. Der Ehemann Thomas wird genau in der sexuellen Zurückweisung aufs Tiefste gekränkt. Wie gehen die beiden damit um? Heinrich wird jedenfalls in diese sexuelle Problematik hineingeboren und lernt rasch, dass er bei der Mutter ein ganz braver sein muss und sich seine Potenz allenfalls über Leistung beweisen kann. Alles andere würde die Mutter in Schwierigkeiten bringen und führte auch im Verhältnis zum Vater vermutlich zu Rivalitätskämpfen. Wir müssen uns Mutter Margaretha m. E. als brave hörige Frau vorstellen, die es immer schafft, ihrem Mann das Gefühl von Macht und Herrschaft zu geben, auch wenn sie im Geheimen womöglich manche Fäden zieht und Kastrationswünsche hegt. Heinrich war als Erstgeborener Stammhalter und bäuerlicher Hofnachfolger, der Stolz der ganzen Familie. In dieser Position war sein Leben im Grunde vorbestimmt. So liebten die Eltern den kleinen Heinrich.

Im idealen Abstand zu Heinrich gebiert Margarethe am 25.02.1904 ihren zweiten Sohn Albert. Wie muss er leben, um von seinen Eltern geehrt und geliebt zu werden. Nun, er wird Priester. Er meidet Beziehungen, die mit verdeckten Konflikten beladen sind und findet eine sichere Machtposition. Dies ist eine deutliche Bestätigung des oben diagnostizierten Musters. Am 25.07.1907 gebiert Margarethe ihre kleine Tochter Barbara, die in gerader Identifizierungslinie von ihrer Mutter lernt, Männern zu dienen und hörig zu sein, damit sie selbst versorgt ist. Konsequenterweise wird sie Haushälterin bei ihrem Priesterbruder. Damit hat auch sie es geschafft, keine Partnerbeziehung leben zu müssen, Sexualität nur in der Phantasie zu leben und sich in einer Abhängigkeitsbeziehung wiederzufinden. Nebenbei sei hier aufmerksam gemacht auf die verblüffende Ähnlichkeit der Familiensysteme von Margarethe und Heinrich. Solche Ähnlichkeiten sind in der Tat die Regel; die Familiensysteme eines Paares passen zumeist reißverschlussmäßig ineinander. Also, was können Heinrich und Ehefrau Margarethe leben? Das Muster, was sich auf beiden Familienseiten mehr als deutlich abgezeichnet hat. Ich müsste mich wiederholen, wenn ich die Hauptmerkmale nochmals benennen würde. Es ist natürlich auch kein Zufall, dass Heinrichs Frau Margarethe heißt, so wie seine Mutter. Für eine Diagnostikerin ist das eine evidente Angelegenheit und im analytischen Geschehen schon fast zu einfach, um wahr zu sein. Nur kurz: Margarethe nennt ihren ersten Sohn nach ihrem Vater (was deren enge Beziehung verdeutlicht), der zweite Sohn wird nach dem Priesteronkel benannt, die Tochter heißt Margarethe usw..

Soweit die Kurzfassung einer Teilanalyse Objektiver Daten. Optimalerweise findet die analytische Arbeit der Familiensystemdiagnostik in interdisziplinär besetzten Gruppen statt, wo streitsüchtig um unterschiedliche Lesarten gerungen wird. Das Ausschlussverfahren findet in der Gruppenarbeit so detailliert statt, dass zum guten Schluss völlig einleuchtend ist, warum alles nicht doch ganz anders hätte sein können. Diese Analyse wurde hier nur bis zur Großmutter väterlicherseits der Klientin vorangetrieben. Es ist nun vorstellbar, wie viel mehr noch erkannt werden kann, wenn diese Abstammungslinie bis zur Klientin verfolgt und dann natürlich mit der mütterlichen Abstammungslinie fortgefahren wird. Der Übersicht halber wurde in diesem Beispiel auf alle „Querüberlegungen" verzichtet, die sich in der Analysearbeit aufgrund der Hinzunahme von Daten jeweils immer wieder ausschließen. Alle Daten sind mit **einer** Fallstrukturhypothese zu erklären, weil nichts außerhalb des treibenden Handlungsmusters geschehen kann, es sei denn, das Handlungsmuster würde erkannt und willentlich geändert. Schicksal verpflichtet, aber bindet nicht.

Diesen Teil der Familiensystemdiagnostik kann man ergänzen mit der Analyse eines narrativen Interviews, mit Photoanalyse, Dokumentenanalyse u. ä., damit man abgleichen kann, inwieweit das Familiensystemmuster das Leben des Klienten weiter dominiert und lenkt, oder inwieweit durch Erkenntnisprozesse Brüche im Lebensmuster verursacht wurden.

4.5 Das narrative Interview

Reden ist eine Handlung, eine Sprachhandlung. Deshalb herrschen die gleichen Regeln der Objektiven Hermeneutik. Man kann die Sprachhandlung in einzelne Sequenzen zerlegen, um sie dann zu analysieren. Auch hier gilt, dass nichts zufällig passiert. Wortwahl, Erzählform, die Vollständigkeit des Erzählten, eben alle Sprachgestalten sind unbewusst motiviert und unterliegen unserem Sosein. Wir können eben nicht anders sein, als struktural geprägt. Und in der Handlung, auch in der Sprachhandlung, drückt sich diese Persönlichkeitsstruktur aus. Mit dem analytischen Schlüssel der Objektiven Hermeneutik schließen wir den Zugang zu tiefen Verstehensschichten auf, anstatt vorschnell nur den oberflächlichen Sinn des Gesagten zu verstehen. In der Familiensystemdiagnostik analysieren wir nicht primär den Inhalt des Gesagten, sondern die Sprachhandlung! Mitunter gibt es auf diesen beiden Ebenen sogar Widersprüche. Dann ist der Mensch nicht mit sich im Reinen, dann lebt er nicht authentisch, was krankmachend ist.

Im narrativen Interview wird der Interviewte aufgefordert, seine Lebensgeschichte zu erzählen. Er soll damit so früh wie möglich anfangen und so ausführlich wie möglich erzählen. Wie der Name des Interviews schon sagt, geht es ums Erzählen. Daher soll es – wenn möglich – kaum Unterbrechungen durch Nachfragen o. ä. geben. Wenn wir erzählen, dann unterliegen wir bestimmten Erzählzwängen, die ihrerseits wiederum unserer Persönlichkeitsstruktur unterliegen. Wir können im Redefluss nicht eine Thematik anschneiden und dann einfach abbrechen, jede Sprachgestalt will zu ihrer Abrundung finden, Redetorsos sind erklärungsbedürftig. Oevermann redet davon, dass unsere Fallstruktur uns sozusagen an der Hand nimmt und uns durch unsere Geschichte führt. Alles wird auf einen Tonträger aufgezeichnet, um anschließend akribisch genau schriftlich festgehalten zu werden. Jede Sprechpause wird gekennzeichnet, jede auffällige Intonierung vermerkt. Wir machen systematisch das, was uns im Volksmund übel genommen wird: Wir legen alles auf die Goldwaage. Gemäß der Kunstlehre der Objektiven Hermeneutik werden dann vier ausgewählte Interviewpassagen analysiert, um so die aktuelle latente Fallstruktur zu erschließen. Nun wird der Vergleich mit der Diagnostik der Familiendaten möglich. Wir können sehen, wie das vererbte Familienmuster reproduziert oder transformiert wurde.

Schauen wir uns an einem kleinen Ausschnitt eines narrativen Interviews einmal an, was sich neben inhaltlichen Informationen noch an Ausdrücken hinter Gesagtem verbirgt. Wir greifen mitten hinein, in eine erzählte Lebensgeschichte, die nicht zu dem obigen Familiensystem gehört, weil hier nur die Vorgehensweise der Feinanalyse erklärt werden soll.

Klientin (K.): „Aber die Lehrerin mochte mich (lacht), glücklicherweise (lacht lauter)."

Dies ist eine Sequenz, die eine Folge ist auf vorher Gesagtes. Sie eröffnet weitere Anschlussmöglichkeiten. Das Wörtchen „aber" leitet einen Widerspruch ein, d. h. das, was nach dem „aber" kommt, ist widersprüchlich zum Vorherigen einzuordnen. Der Satz „Aber die Lehrerin mochte mich" könnte die Folge sein von einem Satz wie: Niemand mochte mich, keiner konnte mich leiden, mir ging es immer schlecht, ich war immer ganz einsam ... etc. Dieser Ausdruck führt somit schon in die tiefsten Tiefen der Thematik, die um „Mich mögen" geht, um Zuwendung und um Wohlwollen, die bis dahin ungesättigt zu sein scheint. Dies alles macht sich an dem Wörtchen „aber" fest. Und es waren nicht „eine Lehrerin" oder „die Lehrer", die K. mochten, sondern „die Lehrerin". Offenbar ist diese Lehrerin einzigartig für K., was die Art der Zuwendung anbelangt. Kam sie denn mit den anderen Lehrerinnen nicht zurecht, gab es nur eine Lehrerin (was aber selbst für die Grundschule eher untypisch ist. Hier gibt es zwar eine besonders wichtige Lehrerin, die für die Klasse zuständig ist, aber daneben gibt es wenigstens ein *oder zwei weitere Lehrpersonen)? Wenn es mehrere Lehrerinnen gab, so waren diese offensichtlich alle unwichtig. Warum mochten die anderen Lehrerinnen, falls vorhanden, K. nicht oder nicht in der Form, die bedeutsam für K. war? Wenn „Mögen" in der Schule nur mit Leistung zu tun hätte, dann hätten doch alle Lehrerinnen sie „mögen" müssen, wenn sie eine gute Schülerin war. Wenn „mögen" nicht an Leistung gebunden war, woran dann, welche emotionalen Aspekte haben hier wohl eine Bedeutung gehabt, die nur bei dieser Lehrerin zum Tragen kamen? Und wie sieht es aus mit K. s Liebesfähigkeit? Sie hätte ja auch sagen können: „Aber Gott sei Dank mochte ich die Lehrerin". Viele Schülerinnen sind unglücklich, weil sie den Lehrer/die Lehrerin nicht mögen und nicht, weil sie von der Lehrerin nicht gemocht werden. Für andere Kinder ist es überhaupt nicht wichtig, ob die Lehrerin sie mag oder nicht, wichtig ist in der Schule nur, ob es gerecht zugeht und ob die Lehrer gut erklären können und noch wichtiger ist, dass die Klassenkameraden sich freundschaftlich verhalten - von denen gemocht zu werden, ist für andere Kinder wichtig. Aber K. ist heute noch davon erfüllt, dass es eine Lehrerin gab, die sie mochte. Das heißt, K. sucht nach Zuwendung in autoritären Beziehungsstrukturen. Zuwendung in autoritärer Beziehungsstruktur ist typischerweise elterliche Zuwendung. Hier ist das Kind existentiell auf die Sicherheit und Liebe im Machtgefälle zu den Eltern angewiesen. Sucht K. heute noch nach solchen Erinnerungen im biographischen Interview, dann heißt das, dass sie damals auf Muttersubstitute angewiesen war und heute noch aus dieser Erinnerung Kraft schöpft. Vielleicht war ihre Mutter früh gestorben, vielleicht ist die Mutter diese fürsorgliche Zuwendung ihrer Tochter gegenüber schuldig geblieben. Sicher ist, dass K. ein mehr oder weniger großes Defizit emotionaler Art hatte, das heute noch eine Rolle zu spielen scheint. Ansonsten würde diese Sprachgestalt nicht produziert werden.*

K. sagt diese Äußerung lachend. Warum? Offensichtlich ist sie heute erwachsen und mindestens zum Teil erkennend, was ihre kindliche Suche angeht. Das Defizit als solches ist sicher nicht zum Lachen. Hier scheint das Lachen eine Verharmlosung der aktuellen Bedürftigkeit bewirken zu sollen. K. möchte dem Interviewer kein Problem machen, sondern suggeriert mit ihrem Lachen ein wenig, dass sich ihre großen Mutterdefizite damals mit der Beziehung zur Lehrerin kompensieren ließen. Und das Ganze „glücklicherweise", denn wer weiß, was sonst geschehen wäre. Das große Unglück hätte K. weiterhin ins Leben gestanden, hätte sie diese Ersatzzuwendung nicht erhalten. Das ruft abermals die Frage auf, ob K. heute noch der Ersatzzuwendungen bedarf, oder ob sie heute über diese kindlichen Bemühungen nur lachen kann. Ersteres dürfte wahrscheinlicher sein, weil durch das einleitende „aber" – wie oben bereits ausgeführt – ein Widerspruch eingeleitet wurde. Dieser Widerspruch bezieht sich auf alles, was in diesem Satz folgt und natürlich auch darauf, wie es gesagt wird. Wenn K. in dieser Sequenz lachend spricht, dann kann es sich nur um ein erleichtertes Lachen handeln, bei durchwegs trauriger, beklemmender Seelenlage. Das Lachen ist das Anerkenntnis dieser kindlichen Bedürftigkeit. Es ist vermutlich ein Lachen, das Verlegenheit überdecken soll oder es dient – wie oben gesagt - dazu, die

*implizierte traurige, defizitäre Lage zu verharmlosen
und zu überspielen, anderenfalls wäre K. vielleicht
sogar den Tränen nahe. Dies ist wiederum ein Hinweis
darauf, wie aktuell die Gefühlslage von K. heute noch
ist.
Freilich könnte man an dieser Sequenzstelle auch noch
annehmen, dass die heute so souveräne K. über das
kleine bedürftige Mädchen lacht, weil sie längst alle
Schwierigkeiten ihrer Kindheit gemeistert hat. Aber
durch die nächste Interviewsequenz schließt sich diese
Lesart aus.*

Interviewerin (I.) : Fräulein Speicher, hieß die ne? !

*Was ist das? Die Interviewerin unterbricht das
narrative Interview, sollte sie doch im Kopf haben, dies
nur bei unverständlichen Sachverhalten, schwierigen
Situationen oder langen Sprechpausen zu tun. Wer sich
strikt an die Anweisung eines narrativen Interviews
hält, der unterbricht ganz stur überhaupt nicht, selbst
auf die Gefahr hin, dass die Situation mehr als künstlich
ist. Diese Unterbrechung ist also erklärungsbedürftig.
Der Sachverhalt, den K. skizziert hat, ist nicht
unverständlich und es deutet auch nichts darauf hin,
dass K. aus dem Redefluss kam, aber vielleicht hat sie
signalisiert, dass sie sich in einer schwierigen Situation
befindet. Ja, offenbar hat I. das Lachen von K. als
Strategie empfunden, über schwierige Situationen mit
einem Lachen hinwegzutäuschen, weil das Aufkommen
der darunter liegenden Gefühle zu schmerzhaft und
dramatisch wäre. Es ist nicht anzunehmen, dass der
Name der Lehrerin zur Aufklärung eines wichtigen
Sachverhaltes beiträgt, sondern I. will offensichtlich*

nicht leichtfertig über die Thematik von K.
hinwegstreifen und mit darüber hinweglachen. I. muss
K. gut kennen, wenn sie das Lachen in der Situation
sofort erkennt und sich in der Lage fühlt, auch nun
heraufbeschworene Gefühlsausbrüche auszuhalten.
Dass sie K. gut kennt liegt natürlich auf der Hand, weil
sie ja um den Namen der Lehrerin K. s weiß. Diesen
kann sie nur wissen, weil sie entweder zusammen zur
Schule gegangen sind oder aber, weil K. so oft von
dieser Lehrerin erzählt hat. Wenn letzteres der Fall ist,
dann muss angenommen werden, dass es zwischen K.
und I. eine persönlich sehr nahe Beziehung gibt oder
aber eine Helferbeziehung, wie sie zwischen einer
Sozialarbeiterin und einer Klientin besteht. Wenn es
sich um eine freundschaftliche Beziehung handelt, dann
ist diese Beziehung nicht eindeutig partnerschaftlich,
weil I. hier ein unterschwelliges Helferangebot macht
und K. somit an der unteren Skala einer
Abhängigkeitsbeziehung ansiedelt. I. stellt eine Frage
nach dem Namen der Lehrerin, eine Suggestivfrage.
Sie weiß sehr wohl, wie diese Lehrerin heißt, die
gemeint ist. Hätte sie nicht darum gewusst, dann hätte
sie sicherlich gefragt: Wie hieß denn diese Lehrerin?
Auch das Ausrufungszeichen deutet darauf hin, dass es
sich hier mehr um eine Feststellung, denn um eine
Frage handelt. I. will womöglich einen hohen Grad an
Aufmerksamkeit und Empathie vermitteln und K.
emotional zum Thema führen. Das spricht sehr für eine
klassische Helferbeziehung. I. ihrerseits fragt sich
Bestätigung für ihre Aufmerksamkeit, mit dem
*plattdeutschen Ausdruck: **ne?** (Für: nicht wahr) Sie*
erntet ganz gerne Zustimmung für ihr Mitgefühl - oder
will I. vielleicht genau das Gegenteil? Will sie genau

121

nicht auf die Lehrerinnenthematik zu sprechen kommen,
weil ihr diese komplizierte Thematik hinreichend
bekannt ist, so bekannt, wie der Name der Lehrerin?
Nebenbei erwähnt ist der Name Speicher natürlich sehr
ausdrucksstark. Vielleicht hat I. auch deshalb diesen
Namen hervorgehoben, dann wäre sie schon
psychologisch geschult. Was können wir denn mit
„Speicher" assoziieren? Ein Speicher ist ein
Lagerplatz, sowohl für virtuelle Dateien, als auch für
selten benutzte Dinge. Letzterer befindet sich unter dem
Dachboden und wird nur selten betreten. So manch
einer hat aber seine persönliche Schatztruhe auf dem
Speicher. Frau Speicher scheint für K. ein seelisches
Schatzkistchen zu sein.

K.: Ja Fräulein Speicher, ja (lacht immer noch).

I. erntet die gewünschte Zuwendung und Bestätigung.
Sie hat K. im Thema und man wartet regelrecht darauf,
dass nun eine gefühlsmäßige Äußerung kommt, das
Lachen aufhört und die Ernsthaftigkeit der darunter
liegenden Thematik aufbricht.

I.: Hast du viel von erzählt.

Warum unterbricht I. die biographische
Lebenserzählung abermals? Markiert sie wiederum ihre
Aufmerksamkeit?
Hier bestätigt sich der Sachverhalt, dass K. eine
Beziehung zu ihrer Lehrerin hatte, die weit über das
normale Arbeitsverhältnis hinaus ging. Die Lehrerin ist
zu einer Bezugsperson geworden mit Sonderstellung
oder besser gesagt, Ersatzstellung für die Mutter. Und

daher ist sie so bedeutsam für K., so unvergesslich und
so nachhaltig wichtig, dass sie immer schon viel von
dieser erzählt hat.
Und es bestätigt sich nochmals deutlich, dass I. K. gut
kennt. Schließlich hat sie sich schon oft mit K. über
deren wichtige Belange unterhalten ... und außerdem
duzt I. K., was nahezu eine klassische Helferbeziehung
ausschließt, sondern eine alte Freundschaft nahe legt.
Aber jetzt muss I.s Bemerkung dazu führen, dass K.
sich die Erzählung hierzu erspart, weil es eine
unzumutbare Dopplung wäre, erneut von etwas zu
berichten, wovon schon viel erzählt wurde. Was zu
Anfang als Aufmerksamkeitsmarkierer anmutete,
entpuppt sich nun als Unterbrechung, die ein
Erzählvorhaben stoppt.
Aber was ist jetzt in der Interviewsituation - soll K.
erzählen oder soll sie nicht. Einerseits scheint es sie zu
drängen, ihren Gefühlen freien Lauf zu lassen,
andererseits vermittelt I. immer deutlicher, dass die
Geschichten schon alt sind, oft erzählt, hinlänglich
bekannt. Das ganze wird nun ein wenig doppelbödig
und rückt in die Nähe einer Doublebind-Situation.
Denn, wie sich K. nun entscheidet, ob sie erzählt oder
nicht, beides ist falsch. Entscheidet sie sich zum
gefühlvollen Erzählen, was ja letztlich das narrative
Interview genau möchte, dann verstößt sie gegen den
gesellschaftlichen Anstand, Menschen nicht mit immer
wiederholtem Geschwätz zu langweilen. Erzählt sie
aber nichts weiter von der Lehrerin, dann kommt sie
der Aufforderungen zu einer authentischen
Lebensgeschichte letztlich nicht nach oder outet sich als
nicht authentisch lebender Mensch, der anderen
Menschen entsprechen möchte und dabei an sich selbst

vorbeilebt. Jetzt wird es spannend, wie wird K.
reagieren? Erlebt sie I.'s wiederholtes Unterbrechen als
besondere Aufmerksamkeitsmarkierer oder aber als
deutliche Bremse im narrativen Interview?

K.: (lacht) Ja.

K. reagiert konsequent auf die verunsichernde
Situation. Sie schindet nun mit ihrem Lachen Zeit
heraus und bleibt freundlich und angepasst, indem sie I.
bestätigt. Aber wie geht es jetzt weiter, wer wird die
Situation auflösen?

I.: Hast du ... wo dran hast du das denn gemerkt, dass
die dich mag?

Nun, I. löst die Situation auf, in die sie K. zuvor
gebracht hat. Offenbar sollten I.s Kommentare kleine
Erzählaufforderungen sein, haben aber dazu geführt,
dass beide um den „heißen Brei" geschlichen sind, weil
eben eine Doppelbödigkeit impliziert ist, wie oben
ausgeführt wurde. Beide, I. und K. haben offensichtlich
Widerstände, Emotionalität freien Lauf zu lassen. Beide
nähern sich und bremsen dann aus. Diese
Schwierigkeiten I.'s zeigen sich in der obigen
Sprachhandlung: I. beginnt den Satz und unterbricht
sich bereits nach zwei Worten. Warum tut sie das? Was
wollte sie denn eigentlich sagen? "Hast du ... (der Satz
könnte vervollständigt lauten) das gemerkt, dass sie
dich mag?" Offenbar gibt es für I. Menschen, die nicht
bemerken, dass jemand sie mag. Diese müssten das
dann erst mitgeteilt bekommen in irgend einer Weise,
weil es sich nicht erspüren lässt. Dabei verdorren und

verblassen Gefühle, wenn man sie nur schon verbalisiert und damit rationalisiert. Hier geht das Gespräch genau in die Richtung, dass Gefühle über den Verstand „geregelt" werden und K. versteht diese Sprache. Schließlich hätte I. auch fragen können: Wie fühlte sich das für dich an, von Frau Speicher unterrichtet zu werden? I. fragt aber, wo dran K. das denn gemerkt hat, dass sie gemocht wurde. Sich etwas merken oder etwas bemerken ist eine Verstandesleistung und somit kein passender Terminus, wenn es um das Erfassen von Gefühlslagen geht. Eine weitere implizierte Distanzierung von der Gefühlsebene liegt in der Formulierung „... dass die dich mag". Das „die" schafft Abstand, keine emotionale Nähe. Eine weitere Sprachgestalt, die von der Tiefenschicht an oberflächliche Gefilde führt ist: „wo dran hast du das denn gemerkt". Hier hat sich eine Auslassung versteckt. Der Satz wurde um ein Wörtchen verkürzt, nämlich um das Wörtchen „eigentlich". Komplett würde der Satz lauten müssen: Wo dran hast du das denn eigentlich gemerkt". Auf das Eigentliche soll eingegangen und doch nicht eingegangen werden. Hier merkt der Leser nun, dass die Doppelbödigkeit Struktur annimmt und zur Beziehungsfalle wird: Rede, aber sag nichts. Erkenne Deine Gefühle, aber fühle sie nicht! Wie kann K. nun reagieren? Sie kann auf das Muster einsteigen und nun rationale Gründe anführen, woran man merken kann, dass man gemocht wird. Das wäre das naheliegende Sprachhandlungsmuster. Hätte sie ihre emotionale Defizitsituation im Griff, d. h. irgendwann verstanden und bearbeitet, dann würde sie auf das Eigentliche einsteigen können und z. B. sagen: I., weißt Du, ich fühlte mich von ihr angenommen, ich freute

mich auf ihren Unterricht und sie strahlte dieselbe
Freude aus, wenn ich mich an ihrem Unterricht
beteiligte. Ich konnte mit ihr reden und sie hat mich
stets verstanden, auch ohne viele Worte.
Was sagt K.?

**K.: „Ja, dat sie so gelächelt hat, oder mich gelobt hat,
oder ‚Ja die K.' sagte sie dann so, oder ähm, ich weiß
im ersten Schuljahr musstest du häufig vorlesen, dann
sagte sie so vor der ganzen Klasse: ‚Du kannst ja gut
lesen K.' (hebt die Stimme), und ja, war ich natürlich
stolz (lacht)."**

K. gibt also Gründe an, woran sie merkte, dass sie
gemocht wurde und diese Gründe sind an
Leistungsvoraussetzungen gebunden. K. hätte auch
sagen können, "Sie hat mich angelächelt, wenn sie an
mir vorbeiging" oder ähnliches. Sie tut sich schwer,
sich als liebenswert einzuordnen, einfach so. Gemocht
wird K. in ihrem Verständnis nur, wenn sie eine
lobenswerte Leistung erbracht hat. Es scheint so zu
sein, dass für sie Loben und Lieben schon fast
identische Inhalte sind. Und allzu viel Lob scheint es in
K.s Leben nicht gegeben zu haben, denn sie kann ja
heute noch die Worte der Lehrerin zitieren. Mit dem
Zitat gibt sie – sprachlich gesehen – dem Inhalt eine
besonders wichtige Bedeutung. Es sind für sie noch
gegenwärtig stärkende Inhalte, die sie bewahrt wie
einen Schatz. Wie kann das motiviert sein? K. muss
gelernt haben, dass sie emotional verhungert, wenn sie
es nicht schafft, sich irgendwie Anerkennung zu
verschaffen. Diese Anerkennung konnte sie sich
offensichtlich über besondere Leistung erarbeiten. Nur

wenn sie besonders positiv auffiel, sich hervor tat, dann fand sie positive Beachtung. Die Lehrerin war ein Mensch, der ein Mehr leistete, als ihre Eltern. Frau Speicher lobte öffentlich anerkennend mit einem liebevollen Lächeln. Dazu waren offensichtlich die Eltern nicht in der Lage. Bei diesen hatte K. sicher durch besondere Leistung ein Duldungsrecht, eine Daseinsberechtigung, bei der Lehrerin bekam sie mehr. Wir wissen von W. Meinhold, dass derartige Leitungsfixierungen in der Kindheit grundgelegt sind, eine frühkindliche Fehl-Entwicklung, die in der Analphase ihren Höhepunkt findet. K. ist emotional sozusagen nicht über die Analphase hinausgekommen. Sie ist zwar älter geworden, aber seelisch auf der Ebene des kleinen Kindes stehen geblieben, das aus tiefster Not heraus agieren muss, um die lebensnotwendige Zuwendung zu erhalten. „Ja die K., sagte sie dann so". Wie heißt denn die unausgesprochene Botschaft dieses Satzes? Ja die K. macht es mir leicht, die bringt ihre Leistungen mit Auszeichnung, ohne dass ich mich als Lehrerin dafür bemühen muss. So ein Kind macht mir keine Arbeit und deshalb viel Freude. Dies kann nur eine Verhaltenseigenschaft von K. sein, die sie als kleines Kind lernen musste. Dieses Verhalten ist für K. Normalität, wenn es um den Erhalt von Zuwendung geht. Erntet sie keine Zuwendung, dann war sie wohl nicht gut genug. Eine harte Lektion für ein kleines Kind und der Stachel der Qual in K.s Gegenwart. Damit verbunden ist dann auch verständlich, dass K. als Kind lernen musste, dass ihre Empfindungen nicht mit ihrer Außenwelt übereinstimmten. Wenn ihre Mutter sie nicht einfach so lieben konnte, dann musste K. doch ziemlich schlecht sein, nicht gut genug für die Mutter, die K.

ihrerseits doch so liebte. Aus einer solchen kindlichen Gefühlssituation kann erwachsen, dass das Kind lernt, seinen Gefühlen nicht mehr zu vertrauen. Es bedarf dann eben solcher Merkmale oder Beweise, um Gefühlslagen einzuschätzen.

Eine besondere Qualität hat die Hervorhebung: „vor der ganzen Klasse" und ebenso die stimmliche Hervorhebung. Dass andere Zeugen der Zuwendung wurden, scheint K. erst wirklich zu überzeugen. Wie wir oben gesehen haben, war das Lächeln der Lehrerin zwar schön, aber nicht so wirkungsvoll. Und auch I. hat ja nach beweiskräftigen Argumenten gefragt, warum die Lehrerin K. wohl gemocht hatte. Auch I. ist auf äußere Kennzeichen angewiesen, sonst hätte sie solch eine Frage gar nicht stellen können.

K. war „natürlich stolz". Hier wird die Vermischung zwischen Anerkennung für eine Leistung und emotionaler Zuwendung besonders deutlich. Und wie reagiert I.?

I.: Kannst du heute noch (lacht)

Hiermit anerkennt I. die gegenwärtige defizitäre Lage, denn sie lobt K. für eine Qualität, die als Kind ein Leistungserwerb ist, als Erwachsener i. d. R. aber eine Selbstverständlichkeit, besonders für K. die ja schon als Kind gut lesen konnte. Weshalb sollte sie das heute nicht mehr können? I. will also nur loben. Was signalisiert K., dass I. sich ihr, in K.'s Verständnis, liebevoll hinwendet? Macht sie einen solch schwachen Eindruck, dass I. ihr Mut machen muss? Wird I. mindestens in dieser Situation zum Muttersubstitut? Oder macht sie die Situation ein wenig lächerlich, um

abermals der verdeckten Dramatik zu entfliehen?
Jedenfalls fixiert sie K. nun in der kindlichen
Bedürfnissituation, indem I. es heute noch für nötig
erachtet, K. so zu ermutigen. Nun ist K. eindeutig
klientelisiert und I. ist die Erhabene, die aus autoritärer
Machtposition heraus der unterworfenen K. Zuwendung
spenden kann. Mit ihrem Lob erhebt sich I. über K..
Was ist das jetzt? Stärkung oder Schwächung der K.?
Gemäß des analysierten Dialogs muss man sagen
Letzteres. Es ist Ausdruck eines schwächenden
Helfersyndroms, wobei beide Menschen (also
angeblicher Helfer und angeblicher Hilfsbedürftiger)
der gleichen defizitären Thematik unterliegen, sich nur
in unterschiedlichen Rollen wiederfinden.

K.: Aber die Lehrerin mochte mich (lacht),
glücklicherweise (lacht lauter).
I.: Fräulein Speicher, hieß die ne?!
K.: Ja Fräulein Speicher, ja (lacht immer noch).
I.: Hast du viel von erzählt.
K.: (lacht) Ja.
I.: Hast du, wo dran hast du das denn gemerkt, dass
die dich mag?
K.: Ja, dat sie so gelächelt hat, oder mich gelobt hat,
oder, „Ja die K." sagte sie dann so, oder ähm, ich
weiß im ersten Schuljahr musstest du häufig
vorlesen, dann sagte sie so vor der ganzen Klasse:
„Du kannst ja gut lesen K." (hebt die Stimme), und
ja, war ich natürlich stolz (lacht).
I.: Kannst du heute noch (lacht).

An wenig Text lässt sich, gründlich analysiert, die
Fallstruktur erkennen. Mehr Text führt nicht in die

Tiefe, sondern verleitet eher zu oberflächlichem Verstehen.

Die Sequenz geht noch ein Stückchen weiter, aber das Strukturmuster ist erkannt und drückt sich wiederholend in jedem Wort aus. In der Familiensystemdiagnostik analysiert man vier solcher Sequenzen, um die Fallstrukturhypothese auf " Mark und Bein" zu überprüfen. Hierbei hat die Eingangsfrequenz eine besondere Bedeutung. Denn zum Beginn des Interviews greift in der Regel keinerlei Routine oder eintrainiertes Verhalten. Hier ist die Persönlichkeitsstruktur besonders einfach erkennbar. Nebenbei sei darauf hingewiesen, dass wir alle häufig die Erfahrung machen, dass der erste Eindruck der richtige ist. Das hat damit zu tun, dass der erste Eindruck der objektivste ist, später tragen wir unsere eigenen Wünsche und Bedürfnisse in die Beziehung zu anderen Menschen herein und verlieren an Objektivität.

Die Feinanalyse eines narrativen Interviews drückt zweifelsohne den Ist-Zustand eines Menschen aus und seine derzeitigen Verarbeitungsmöglichkeiten des vererbten Strukturmusters. Wie oben deutlich wurde, braucht man nicht viele Daten, um tiefschichtige Muster zu erkennen, man braucht nur den Code, um die Ausdrucksgestalten zu verstehen. Durch die Objektive Hermeneutik hat die Familiensystemdiagnostik diesen Schlüssel, um in die unbewussten Wirklichkeiten eines Menschen hineinzuschauen. Der besondere Vorzug besteht darin, dass es sich um eine wissenschaftliche Methode handelt, die nachvollziehbar, wiederholbar, überprüfbar und nicht von intuitivem Talent abhängig ist.

5. Wissenschaftliche Erkenntnisse der Familiensystemdiagnostik oder die sieben Prinzipien des Hermes Trismegistos

Wie oben ausführlich erklärt wurde, führt die Familiensystemdiagnostik in ihren Analysen zu strukturalen Erkenntnissen. In ihrer Vorgehensweise wird sie einerseits dem Einzelfall als Einzelfall gerecht und andererseits wird ein Spektrum von Lebensmustern mitanalysiert, sozusagen als Bedingung der Möglichkeit eines Ausschlussverfahrens. Wir erhalten also mit jeder Analyse einer Familie eine tiefschichtige Einsicht in unsere Wirklichkeit, in die aktuellen Themen unserer Zeit, deren Bewältigungsstrategien und Lösungsmöglichkeiten. So konnte die Familiensystemdiagnostik bestimmte Gesetzmäßigkeiten ausmachen, denen gemäß sich Lebensmöglichkeiten eröffnen. Das Verstehen und Leben dieser Gesetzmäßigkeiten führt also regelmäßig zur menschlichen Entfaltung und Erfüllung. Ein Verstoß gegen diese Gesetzmäßigkeiten führt nachweislich zum Scheitern und Sterben und das vermutlich nicht nur einzelner Menschen und deren Familiensystemen, sondern auch von Gemeinschaften und Gesellschaften. Gesetzmäßigkeiten mit einem solchen Grad an qualitativer und quantitativer Wirkung bin ich geneigt in einen Status zu verhelfen, der über diese Welt hinausgeht. Daher spreche ich von „göttlichen Gesetzmäßigkeiten" ermutigt durch die 7 Prinzipien des Hermes Trismegistos. Tatsächlich finden unsere Forschungsergebnisse ihre Entsprechung auf den Smaragdtafeln des alten Ägyptens - aber soll der Leser sich rein wissenschaftlich und mit der Logik

seines Verstandes selbst von der Tragweite dieser
Gesetzmäßigkeiten überzeugen.

5.1 Die Energie folgt den Gedanken oder das Prinzip der Geistigkeit

Familienstrukturen prägen unsere Wirklichkeit. Das
konnten Sie oben beispielhaft nachvollziehen, das
beweist immer wieder jede Analysearbeit. Die neue
Physik liefert mit ihren naturwissenschaftlichen
Methoden genau dieselbe Erkenntnis und dennoch
scheint der Mensch unserer Zeit diese Wahrheit zu
ignorieren. Zunächst besteht die Information, das
Gestaltgebende, die Idee, die Geistigkeit, dann erst
entsteht unsere greifbare Wirklichkeit. In unserer Zeit
sind die Menschen zumeist nur von dem überzeugt, was
sie mit den Sinnen erfassen können, was sie greifen,
begreifen sie. Der Materialismus feiert fröhliche
Urständ, als ob es überhaupt keine Geistigkeit gäbe, als
ob Materie überhaupt das einzige sei, was existiert ...
und das war es dann auch schon. Oh sinnentleerte Welt!
Mit dem Tod, dem Ende des Greif- und Begreifbaren ist
alles vorbei in diesem Weltverständnis. In diesem
Weltverständnis macht dann letztlich nur die maximale
Anhäufung von materiellen Dingen einen Sinn, weil
man sich ja nur darüber definieren kann, etwas anderes
gibt es nicht. Macht und Ruhm sind ebensolche
materialistischen Kategorien, die zum Selbstzweck
geworden sind. Wenn aber der Besitz Besitz von einem
Menschen ergreift, dann bringt ihn das oftmals in große
Schwierigkeiten. Das zeigen die Lebensläufe in den
entsprechenden Familiensystemen. Immer da, wo ein

erstaunliches materialistisches Machertum ausgemacht wird, ist natürlich nach der Motivation zu fragen. Warum leistet ein Mensch so Erstaunliches auf materialistischer Ebene? In Ermangelung seiner Geistigkeit definiert er sich über seine diesbezüglichen Leistungen. Leistet er nichts oder zu wenig, dann leidet seine Selbstachtung, dann ist er „nichts wert". In unserer Leistungsgesellschaft zählt die Summe auf dem Konto, die Anhäufung von Besitztümern, die zu Statussymbolen geworden sind und der akademische Grad. Je tiefer die Menschen sich an den Materialismus gebunden haben, um so mehr ist die Geistigkeit verloren gegangen, was nur folgerichtig ist, da man ja „nicht zwei Herren dienen kann." Über seine Leistungen in der materialistischen Welt verdient er sich Anerkennung, Respektanz, Daseinsberechtigung und Selbstachtung. Der Mensch definiert sich über dieses Funktionieren und verstrickt sich sukzessive tiefer in diese Welt voller Leiden-schaften. In derart rationalen Lebensplanungen haben Emotionen und Emotiönchen keinen Platz, und so wird man schließlich auch nicht mit der eigenen Beziehungsunfähigkeit konfrontiert. Religiosität und Glaube haben hier ebenso wenig Platz. Dieses materialistische Welt- und Menschenverständnis läuft sich in aller Deutlichkeit tot ... und es wird trotz alledem noch daran festgehalten. In der Familiensystemdiagnostik kann man wissenschaftlich nachweisen, dass Menschen umso mehr dem Materialismus anhängen, umso weniger religiöses Fundament sie hält. Des weiteren führen sämtliche Einengungen und Verletzungen der Persönlichkeitsentfaltung nicht selten zu riesigen Kompensationsbewegungen materialistischer Prägung.

Nicht selten stammen Genies, Künstler, intellektuelle Spitzenleute oder sonstige Berühmtheiten unserer Gesellschaft aus Familien, in denen sie um ihr Dasein kämpfen mussten ... und der Kampf eines Kindes geht einzig und allein um den Lohn der Liebe. Für das Gefühl geliebt zu werden tun wir alles, weil wir lebensnotwendig darauf angewiesen sind. Die Suche nach Liebe ist die Hauptmotivation in unserem Leben. Und je defizitärer wir aufgewachsen sind, jenseits von Geborgenheit, Sicherheit, Zuwendung und bedingungsloser Akzeptanz, umso dramatischer stellt sich diese Suche in unserem Leben dar. Wir finden uns – zumeist unbewusst getrieben – in Karriereschienen, sozialen Zwängen und Autoritätsabhängigkeiten wieder, um letztlich dennoch emotional ungenährt zu bleiben. Wir reproduzieren unsere kindliche Bedarfssituation, um zu erkennen, an was es uns eigentlich mangelt. Der Materialismus und das Streben nach materialistischen Werten kann also letztlich zur Erkenntnis führen, nämlich zur Erkenntnis, dass wir doch eigentlich etwas ganz anderes suchen, dass wir ein Leben ohne Sinn nicht mehr aushalten, dass wir immer einsamer und beziehungsängstlicher werden und die Kunst des Liebens völlig verlernt resp. nie gelernt haben. Der Materialismus als Weltanschauung ist schlicht und einfach falsch - das wissen nicht nur sämtliche Glaubensrichtungen, sondern ist am Beginn des 20igsten Jahrhunderts wissenschaftlich bewiesen worden, was doch den letzten materialistischen Scharfdenker überzeugen müsste.

„Materie ist nicht aus Materie zusammengesetzt, Atome und ihre Bausteine haben nicht mehr die Eigenschaften von Materie. Es sind reine Gestaltwesen. D. h., wir haben auf einmal im Vergleich zur klassischen Vorstellung eine Umkehrung der Rangordnung. Die klassische Ansicht war doch: Die Materie ist das Primäre und das eigentlich Wichtige: Materie bleibt Materie, und sie ist deshalb so verlässlich, weil sie – im Gegensatz zur Form, die sich nach Maßgabe der Naturgesetzlichkeit ständig verändert – zeitlich gleich bleibt. Die neue Erkenntnis lautet nun: Die Form oder allgemeiner die Gestalt ist es, die sich im Laufe der Zeit nicht verändert. Materie gibt es im Grunde gar nicht. Diese bildet sich erst als „Als-ob"-Erscheinung bei größeren Anhäufungen der atomaren Gestaltwesen auf einem räumlich höheren Niveau durch Ausmittelung heraus. Wir stellen fest, die Wirklichkeit ist im Grunde keine Realität, keine dingliche Wirklichkeit. Was bleibt, ist - wie wir es nennen – Potenzialität." (H. P. Dürr, S. 18).

Wer aber in unserer Zeit hierüber unwissend bleibt, nicht erkennt, in welchen Lebenssackgassen er sich befindet, einfach deshalb, weil man Geistigkeit nicht mit Materialismus ersetzen, Liebe nicht mit Geld, Ruhm und Macht kaufen kann, der läuft Gefahr, in der Sinnlosigkeit zu versinken. Wie viele Krankheiten deuten zweifelsfrei auf diese Irrläufer in unserem Leben hin. Rüdiger Dahlke und Rolf Detlefsen haben hier schon vor vielen Jahren eine überzeugende Arbeit geleistet, indem sie körperliche Ausdrucksgestalten (also Krankheitsbilder) der seelischen resp. geistigen Information, die immer vorher da ist, zugeordnet haben. Neben den zunehmenden Erkrankungen und hier sei daran erinnert, dass es viele Erkrankungen ja nur in unserer sog. Wohlstandsgesellschaft gibt, sterben Familien wegen ihrer nicht mehr lebbaren Themen aus.

Es kommt u. a. durch Beziehungsunfähigkeit oder dem „bewussten" Entschluss, in diese Welt keine Kinder zu gebären, oder durch den „freien Entwurf" einer letztlich egoistischen, individualistischen Steilkarriere oder durch homosexuelle Entwicklungen als Ergebnis generationsüberschreitender geschlechtlicher Machtkämpfe, zum reproduktiven Stillstand. In der Familiensystemdiagnostik sprechen wir davon, dass sich ein System über viele Generationen derart verschlimmert hat, dass es schlicht und einfach nicht mehr lebbar ist. Man könnte sagen: Familien sind an Liebesermangelung ausgestorben, an Ermangelung des höchsten geistigen Wertes, den es zu erkennen gilt **und diese Ermangelung geht regelmäßig mit einem materialistischen Weltverständnis Hand in Hand.** Dies ist ein sozialwissenschaftliches Forschungsergebnis der Familiensystemdiagnostik, das eine Wahrheit benennt, die schon viele hundert Jahre alt ist. „Das All ist Geist, das Universum ist geistig" (Das Kybalion, S. 20). „Unter und hinter dem Universum von Zeit, Raum und Wechsel, findet man immer die substantielle Realität - die fundamentale Wahrheit" (Das Kybalion, S. 33). Die Materie hat sich in ein Mysterium aufgelöst. Latente Sinnstrukturen ereignen unsere Realität. Daher müssen wir **die Erde wieder an den Himmel anbinden!**
Nochmals, je mehr diese Wahrheit erkannt und gelebt wird, dass wir Geist sind und einen Körper haben, je mehr sich dieser Perspektivwechsel im Leben eines Menschen vollzogen hat, um so sinn-voller und liebe-voller wird sein Leben. Er wird immer mehr von sich selbst verstehen, da sein Leben sich jenseits von Zufälligkeiten vollzieht, eingebettet in einen großen

Sinnzusammenhang, der über diese Welt hinausgeht. Der reflektierende Mensch wird also sozusagen im Geiste neu geboren, verabschiedet sich von einer mechanistisch materialistischen Denkweise und entdeckt damit ganz neue Werte und Glaubenswahrheiten. Als Verstandeswesen wird er immer kritisch allen Verirrungen unserer Zeit widerstehen, die ihn auf spiritistische Spielwiesen führen wollen. Er wird für sich neu die Frohe Botschaft des Neuen Testamentes jenseits aller dogmatischen Lehrsätze entdecken.

Der aber, der sich dem Materialismus weiter hingibt, der versinkt in der Sinnlosigkeit seines Daseins, entartet in seiner Wurzellosigkeit und vegetiert bestenfalls in kompensierenden Leidenschaften vor sich hin. Die Familiensystemdiagnostik weist solche kreisenden Lebensläufe über Generationen nach, die parallel zu ihrer Geistigkeit stets ihre Liebesfähigkeit einbüßen. Dieses allumfassende Gesetz der Geistigkeit kann nicht ohne entsprechende Konsequenz negiert werden, da dies ein Verstoß gegen eine kosmische Ordnung ist. „Wisse, oh Mensch, dass der gesamte Raum geordnet ist, denn nur durch Ordnung bist du eins mit Allem. Ordnung und Gleichgewicht sind das Gesetz des Kosmos. Befolge dies, und du wirst eins sein mit Allem" (aus dem Buch: Die Smaragdtafeln, von Thoth /Hermes Trismegistos). Die Chancen, die in diesem Menschen- und Weltverständnis impliziert sind, die Chancen für den Einzelnen, sein Leben sinnvoll einzuholen, die Chancen für unsere sinnentleerte verzivilisierte Gesellschaft, durch die Geistigkeit eines modernen Christentums wieder herauszufinden oder besser hineinzufinden in die Eigentlichkeit der

Schöpfung, sind wirklich bereichernd. Ein modernes Christentum ist keinesfalls zu verwechseln mit institutionalisierter „Gläubigkeit". Christus ist sanft im Herzen, aber nie und nimmer im Denken.

Diese Chancen eröffnet die Familiensystemdiagnostik, indem sie die materialistische Denkweise konsequent überwindet und dies von einem logischen, rational nachvollziehbaren Standpunkt aus, den jeder Denker teilen kann. In der Familiensystemdiagnostik sollen Sie nichts glauben, sondern stets selbst denken, nur dann sind Sie letztlich von den oben beschriebenen Erkenntnissen überzeugt.

5.2 Die Ausdrucksgestalten in der Familiensystemdiagnostik oder: Das Prinzip der Entsprechungen: Wie oben so unten, wie unten, so oben (Kybalion)

Die Familiensystemdiagnostik zeigt in jeder Analyse, dass zwischen den verschiedenen Seinsformen des Menschen eine Entsprechung besteht. Greife ich auf die oft so falsch verstandene Dreiteilung des Menschen zurück in Körper, Seele und Geist, dann haben wir hier verschiedene Seinsebenen des Menschen, die sich entsprechen. Deshalb ist es so, dass geistige Themen sich auf der seelischen und/oder auf der körperlichen Ebene ausdrücken können, in jedem Fall drücken sie sich aus, gemäß dem Gesetz der Entsprechung. „Es gibt Ebenen jenseits unseres Wissens, aber wenn wir das Prinzip der Entsprechung auf sie anwenden, können wir viel verstehen, was sonst unbegreiflich für uns wäre. Dieses Prinzip tritt auf den verschiedenen Ebenen des materiellen, geistigen und rein geistigen Universums in

Anwendung und Erscheinung – es ist ein universales Gesetz" (Das Kybalion, S. 21). Dieses Gesetz bringt die Familiensystemdiagnostik zur Anwendung, indem sie Lebensentscheidungen als Ausdrucksmuster studiert, um dann innerpsychische Rückschlüsse zu ziehen. Anders herum kann die Familiensystemdiagnostik aufgrund der analysierten Fallstruktur Vorhersagen treffen; sie kann plausibilisieren, wie sich künftig geistige Themen auf der materiellen Ebene widerspiegeln. Dieses Prinzip ist ein allgemeingültiges. Es trifft damit nicht nur auf die uns bekannten menschlichen Daseinsebenen zu, sondern führt weit darüber hinaus. Erkennt der Mensch diese Gesetzmäßigkeit, so wie die Familiensystemdiagnostik dies tut, so hat er den Schlüssel des Verstehens gefunden, mit dem er von Bekanntem auf Unbekanntes schließen kann. Genau deshalb können Dahlke und Detlefsen in ihren Arbeiten zu sinnlogischen Ergebnissen kommen. Sie ordnen körperliche Ausdrucksgestalten, d. i. Krankheiten, geistigen Themen zu.

In der Familiensystemdiagnostik können wir z. B. regelmäßig bestätigen, dass ein, unter bestimmten Konstellationen und Verarbeitungsmöglichkeiten verankerter, Konflikt zwischen Mutter und Tochter sich Ausdruck in einem „Mammakarzinom" verschafft. Dass sexuelle Problemkonstellationen sich bei Männern in Prostataproblemen, bei Frauen in Unterleibsbeschwerden ausdrücken ist für den Familiensystemdiagnostiker evident. Die Psychosomatik scheint diese Zusammenhänge verstanden zu haben. Wo dieses Prinzip nicht verstanden wird, bleibt man weiterhin unwissend, wo es negiert wird, handelt man gegen ein allgemeingültiges Gesetz, was nicht ohne verheerende Folgen bleibt, wie man in manchen Entartungen der heutigen Medizin leider feststellen muss. Repariert man einen Körper, wie man es mit einer Maschine tut, ohne zu verstehen, was dahinter steckt, dann bleibt man nicht nur unwissend über die geistigen Ursachen der Erkrankung, schlimmer noch, man treibt den Patienten in die Verschlimmerung seiner körperlichen Ausdrucksmöglichkeiten, mit anderen Worten, er erkrankt an wesentlich schlimmeren Symptomen, weil er in seelisch-geistigen Nöten bleibt, weil er als Mensch, in seinem Menschsein nicht verstanden wird, weil er als Persönlichkeit in eine Maschinerie hineingeraten ist, die ihn auf seine Materie reduziert. Wie sinnlos und ungerecht wäre doch eine Welt, in der Gesundheit und Krankheit dem Glück oder Unglück überlassen blieben resp. zufällig verteilt würden. Nein, Gesundheit und Krankheit sind Ausdrucksmöglichkeiten unseres Geistes, es gilt nur, diese Sprache zu decodieren, um die Botschaft zu erkennen und zu verstehen, zu hören und zu lösen. Immer wieder scheint es in unserem Dasein um Erkenntnis zu gehen, Erkenntnis von Gesetzmäßigkeiten, die unser Menschsein verbessern oder sollte ich sagen: vervollkommnen?

Weiter oben wurde das narrative Interview als ein Teil der Familiensystemdiagnostik ausgemacht. Dieses Interview hat seine Berechtigung des Prinzips der Entsprechung wegen. Die Sprachgestalt, die analysiert wird, ist nichts anderes als die Entsprechung unserer geistigen Natur. In allem drückt sich unser Geist aus, wir können nichts anderes sein als Geist, der sich auf seinen verschiedenen Seinsebenen Ausdruck verschafft.

Der denkende Leser steht nun vor der wunderbaren Aufgabe, dieses Prinzip der Entsprechung konsequent weiter zu denken, nämlich über unsere Dimensionen hinaus, wie im Makrokosmos, so im Mikrokosmos, ... oder wie wir im Gebet, dem „Vater unser", sagen dürfen: „wie im Himmel, also auch auf Erden."

5.3 Von Deutung und Be-Deutung oder das Prinzip der Schwingung

Aus der Physik wissen wir, das dieses Prinzip der Schwingung naturwissenschaftlich nachzuweisen ist. Alles ist Schwingung, es gibt kein kleinstes Teilchen, sondern „Schwingungsinformation". Die Quantenphysik hat hier die alten Philosophen bestätigt. Schon Heraklit sagte: Alles fließt! Unsere ganze Mikrotechnik baut auf dieser Erkenntnis auf. Alle Teilchen der Materie sind in kreisender Bewegung vom Elektron oder Ion bis zu den Sonnen. Im Mikrokosmos wie (dem Prinzip der Entsprechung folgend) im Makrokosmos ist alles Bewegung, Schwingung. Versuchen wir hier weiter zu denken. Gemäß dem Prinzip der Entsprechung müssten dann auch seelische und geistige Zustände des Menschen letztlich Schwingungsfrequenzen sein und diese Schwingungsfrequenzen lassen sich kontrollieren. Wie macht die Familiensystemdiagnostik das? In der Familiensystemdiagnostik sprechen wir von Bedeutung durch Deutung. Wenn wir Ausdrucksgestalten wie Mosaiksteinchen zu einem Gesamtbild fügen, dann ist es so, als hätten wir alle Töne – gemäß der analysierten Fallstruktur – zur Symphonie gebracht. Töne werden zur Melodie. Auf geistiger Ebene wird ein neuer

Schwingungszustand erreicht, der sich zwangsläufig in einem Aha-Erlebnis einstellt. Bleibt die Erkenntnis einer Analysearbeit nicht nur im Kopf des sog. Klienten, um dann wieder in alte Muster verdrängt zu werden, sondern erfasst sie den Menschen als Menschen in seiner Gesamtheit, dann ist sein ursprünglicher Schwingungszustand verändert. Woran merkt er das? Seine Lebens - Wirklichkeit verändert sich. Seine körperlichen Symptome, seine sozialen Kontakte, seine geistigen Interessen u. v. a. m. kommen in Wandel. Das ist tiefgreifende Veränderung statt oberflächliches Verändern des „Funktionsprogramms". In dem wir erkennend unserem Erleben und unseren Erlebnissen eine authentische Bedeutung zuordnen können, verändern wir unseren Schwingungszustand. Dieses In-Schwingung-Bringen erlebte ich oft bei Ergebnispräsentationen. Der Anfang ist stets eine Ahnung, gemischt mit Betroffenheit und Erstaunen. Ein Beispiel für die Veränderung geistiger Schwingungszustände mit entsprechender Wirkung auf der körperlichen Ebene ist die Geburt eines Sohnes gewesen, nachdem die Klientin zuvor sinnverstehend begriffen hatte, welche Thematik im Hintergrund stand, deretwegen sie zuvor 3 Töchter zur Welt gebracht hatte. Alles verändert sich durch Veränderung der Schwingung resp. Bedeutung. Die Hermetiker lehren ganz selbstverständlich: „Durch Kenntnis des Prinzips der Schwingung, angewandt auf geistige Erscheinungen, kann man seinen Geist auf jeder beliebigen Stufe polarisieren und so vollkommene Kontrolle über seine geistigen Zustände, Stimmungen usw. gewinnen. ... Kurz, man kann auf der geistigen Ebene dasselbe hervorrufen, was die Wissenschaft auf der physikalischen Ebene tut, nämlich ´Schwingungen nach Belieben´" (s. a.a.O., S. 79). So sagte einst ein alter hermetischer Schriftsteller, dem die Familiensystemdiagnostik sich bestätigend anschließen kann: „Wer das Prinzip der Schwingung versteht, hat das Zepter der Macht ergriffen." (s. ebd, S. 80)

5.4 Gegensätze ziehen sich an oder vom Prinzip der Polarität

„Alles ist zwiefach, alles hat zwei Pole, alles hat sein Paar von Gegensätzlichkeiten; gleich und ungleich ist dasselbe; Gegensätze sind identisch in der Natur, nur verschieden im Grad; Extreme berühren sich" (Kybalion).
In Familien ist diese Gesetzmäßigkeit eine Beobachtung von höchster Wichtigkeit, da sie gleichsam den Schlüssel zu Veränderungen enthält. Die bedeutendsten Polaritäten in Familien sind Weiblichkeit und Männlichkeit, Liebe und Hass, Macht und Ohnmacht. Jede Familiensystemdiagnostik wird ihr Augenmerk auf diese Polaritäten richten, die in den Objektiven Daten vielfach ihren Ausdruck finden. Was aber nun sind Polaritäten? Es sind Pole, Extreme oder gegensätzliche Aspekte einer Thematik. Die Unterschiedlichkeit besteht in der Graduierung. Man kann sich das an einfachen Beispielen verständlich machen. Uns allen sind Gegensatzpaare wie Hitze - Kälte, Ost - West, Licht - Finsternis, Positiv - Negativ, Lärm - Ruhe, hart - weich, stumpf - scharf, groß - klein, gut - böse, usw. bekannt. Zunächst scheinen sie uns unvereinbar zu sein, eben genau diametral entgegengesetzt. Bei genauerer

Betrachtung, meinetwegen auf einer Skala, kann man sich klar machen, dass der Unterschied zwischen hell und dunkel nur ein gradueller ist und es schwer auszumachen ist, wo dunkel beginnt und hell endet. Es gibt also keinen absoluten Maßstab, sondern alles ist eine Sache des Grades. So gibt es keine Stelle auf dem Thermometer, die mir anzeigen könnte, wo Hitze aufhört und Kälte anfängt, es ist auch hier eine Sache höherer resp. niedriger Schwingungen.

Alles sind Dinge der selben Sache mit unzähligen Schwingungsgraden dazwischen. Genauso ist es auch mit geistigen Zuständen. So sind Liebe und Hass zwei Gegensätze, die unvereinbar scheinen und doch sind es Zustände, die nur graduell unterschiedlich sind. Zwischen Liebe und Hass gibt es die Grade von Zuneigung und Abneigung; es ist schwierig genau den Punkt auszumachen, wo Liebe in Hass umschlägt. Wenn dieses Prinzip begriffen ist, dann kann man unendlich viel von sich erfahren, um sich dann zu be-herrschen.

Statt dessen beobachten wir in Familiengeschichten, dass die Polaritäten Ursache von größten Kämpfen und Streitigkeiten werden, die Gegensätzlichkeiten schier unversöhnlich scheinen, weil die gemeinsame Thematik unerkannt bleibt. Ich möchte zum besseren Verständnis auf die Thematik des oberen Beispiels zurückgreifen: Eine Frau heiratet einen Mann, der 10 Jahre älter ist als sie. Warum hat sie sich unsterblich in diesen Mann verliebt, der fest in seinem Leben steht, öffentliches Ansehen genießt und sowohl im Beruf von seiner Position her, als auch aufgrund seiner charismatischen Persönlichkeit Autorität besitzt? Sie würde alles für ihn tun, sich selbst völlig verlieren - wenn er nur einen

Blick auf sie wirft, dann wird sie schon willenlos. Er seinerseits findet es reizvoll von einer jüngeren Frau umschwärmt zu werden. Es bestätigt ihn in seiner Potenz und seiner Attraktivität. Sie gibt ihm das Gefühl von Größe und Herrschaft, von Unfehlbarkeit und persönlicher Immunität. Der Reiz und die Problematik der Beziehung liegt in der Asymmetrie einer Thematik die da lautet „Macht". Die Frau wünscht sich in der Beziehung – leicht zugespitzt – sich sozusagen ohnmächtig hingeben zu können, sie will ganz geschehen lassen, sich hineinfallen lassen in starke Hände, die sie tragen und halten. Das sind die Parameter, unter denen sie erstmals gelernt hat, Zuwendung zu erhalten, sie sucht väterliche Liebe. Das ist die Geschichte der zahlreichen Verfilmungen, in denen der Prinz zum guten Schluss mit dem Aschenputtel davon galoppiert, das ist „Pretty Woman" oder „Titanic". Diese Filme enden immer, bevor der Alltag der Verliebten anbricht.

Der Mann seinerseits findet in seiner Verliebtheit die uneingeschränkte Machtbestätigung, was seinerseits erklärungsbedürftig ist, da eine Liebesbeziehung im originären Sinne kein Macht-Verhältnis ist. Die Beziehung braucht er, um die Ohnmacht, die er in seiner frühen Mutter-Kind-Beziehung erleben musste, nie wieder spüren zu müssen, er wechselt sozusagen in die entgegengesetzte Polarität, zur Kompensation von tiefen seelischen Verletzungen, aus tiefer Not, letztlich um zu überleben. Sehen Sie, wie wir uns in diesem Bespiel auf der „Machtskala" hin- und her bewegen? Sie können sich vorstellen, welcher „Teufelskreis" in diesem Beispiel in Bewegung kommt, bleiben beide unwissend über die Ursachen ihrer Handlungsmuster. In den Analysen beobachten wir oftmals zumeist unbewusst motivierte, gnadenlose Machtkämpfe, die bis in den frühen Tod führen können, wenn die ursächliche Thematik nicht erkannt wird. Heute kommt es zu endlosen Trennungsgeschichten oder zur alltäglichen Flucht in den Beruf, Alkohol, Drogen o. ä.. Dabei haben doch beide die gleiche Thematik. Dieser Mann und diese Frau suchen und finden sich deshalb, weil beide das Gleiche zu erkennen und beide die ähnlichen seelischen Verletzungen erlitten haben. Beide sind nur anders damit umgegangen. Die seelische Stärke resp. Schwäche beider ist völlig gleich! Nach außen ist er der Mächtige, sie die Schwache, innen, ja seelisch, sind beide auf dem völlig gleichen Niveau und der eine lebt den Schatten des anderen. In dieser Beziehung haben beide die Chance, ihre Themen zu erkennen, an ihnen zu reifen und zu wachsen.

Dieses Beispiel zeigt, dass auch die Rollen von „Täter" und „Opfer", in denen die Menschen diesfalls agieren, lediglich zwei Pole ein und derselben Thematik sind.

Im engen Zusammenhang steht das nächste Prinzip, das sich in der Familiensystemdiagnostik als ein besonders hervorragendes diagnostisches Instrument erwiesen hat.

„Die hermetische Lehre besagt, dass die Verschiedenartigkeit von Dingen, die einander anscheinend diametral entgegengesetzt sind, nur eine Sache des Grades ist. Sie sagt, dass ´die Gegensätze miteinander in Einklang gebracht werden können´ und dass These und Antithese ihrer Natur nach identisch, nur dem Grad nach verschieden sind und dass im Universum die Aussöhnung von Gegensätzen durch die Erkenntnis dieses Prinzips der Polarität bewirkt wird" (ebd., S. 81).

5.5 Gleich und Gleich gesellt sich gern oder vom Prinzip des Rhythmus

Wenn wir oben festgestellt haben, dass sich Menschen mit zunächst anscheinend eklatanten Unterschieden finden, weil sie unterbewusst getrieben sind, ihre seelische Leidensthematik zu erkennen, so ist ebenso festzustellen, dass sich Menschen zusammenfinden, die sich auffallend gleichen. Das ist erkennbar an Objektiven Daten wie Berufsähnlichkeiten, Altersgleichheit, parallele Stellung in der Geschwisterreihe, usw. Die Menschen um sie herum sind alle der Meinung: Die beiden passen gut zueinander. Hier ist sehr gut erkennbar, dass beide die gleichen Themen im Leben zu bewältigen haben. In Ehen oder Beziehungen wie diesen kommt es recht selten zu Streitigkeiten, eher zu schleichend steigender Unzufriedenheit. Es gibt ja kaum Reibungspunkte, viel zu schnell ist man sich einig und versteht den anderen schon, bevor er etwas sagt. Das erzeugt letztlich wenig Wachstum und Erkenntnis, weil es wenig Krisen in diesen Beziehungen gibt und eine Krise ist ja die Bedingung, birgt sie doch die notwendige Energie, die zu Veränderungen führen kann. Dabei können die Menschen dieses Beispiels der gleichen seelischen Thematik unterliegen wie die Menschen des oberen Beispiels. Der Unterschied liegt im Rhythmus, in der Pendelbewegung zwischen den beiden Polaritäten. Die Gradwanderung zwischen den Gegensätzen auf einer Skala von 0 – 10 hat sich sozusagen bei 5 eingependelt. Solche Beziehungen sind oftmals langweilig und erkenntnislos, sind nicht riskant und halten i. d. R. ein ganzes langes Leben. „ Dieses Prinzip enthält die Wahrheit, dass sich in allem eine abgemessene Bewegung zeigt, hin und her; ein Hin- und Zurückfließen, eine pendelgleiche Bewegung, eine gezeitengleiche Ebbe und Flut, ein hoher und ein niedriger Stand, das alles zwischen den beiden Polen, die gemäß dem Prinzip der Polarität bestehen, das soeben beschrieben wurde" (ebd., s. 25).

Das Maß des Ausschlages nach der einen Seite bestimmt das Ausmaß nach der anderen Seite eines Pendels. So verläuft Kompensation, wie wir im obigen Beispiel gesehen haben. Verfolgt ein Mensch zum Beispiel in gesteigertem Maße rationale Ziele, ja reduziert er sich fast ausschließlich auf seine Rationalität, dann ist dies letztlich ein Ausdruck von zu tiefst ungelebter, aber ihm besonders hohen Maße vorhandener Emotionalität. Ein solcher Mensch hat als Folge seelischer Misshandlung – wie auch immer diese geartet war– in die entgegengesetzte Polarität gewechselt. In der Familiensystemdiagnostik spricht man von Dekompensation , wenn dieser Schutzmechanismus der Polarisierung, ohne Erkenntnis- und Verarbeitungsmöglichkeit des treibenden Handlungsmotivs, eben der tiefenseelischen Verletzung, die sicherlich ins frühe Elternhaus zurückführt, einfach wegfällt. Dies ist eine äußerst gefährliche Sache, die in Analysen immer wieder deutlich wird, z. B. am Ende des Berufslebens eines Menschen, v. a. bei Männern, oder auch in den sog. Wechseljahren von Frauen. Hier sagt ja schon der Terminus, dass etwas wechselt und das ist oft das Verlorengehen der Rolle als Mutter, die bei vielen Frauen ebenfalls eine Kompensationsleistung ist.

Dekompensation zeigt sich zumeist in Krankheitsbildern, die als körperliche Ausdrucksmittel sozusagen die deutlichsten Erinnerer der seelischen Thematik sind. Bleibt man aber weiterhin im Unklaren über sich selbst, wird Krankheit nicht als Symptom betrachtet, sondern als Übel, das mit allen Mitteln eleminiert werden muss, dann sind die Chancen dieses Lebens wohl endgültig vertan. In der Familiensystemdiagnostik sprechen wir von einem erklärungsbedürftig frühen Tod. Am Ausmaß der Kompensationsbewegungen in der Lebensgeschichte eines Menschen, als auch in der Rekonstruktion der gesamten Familiengeschichte über mehrere Generationen, kann man das Maß der Bedürftigkeit erkennen. An der Intensität der Reaktionen in einer Fallstruktur lässt sich die Intensität der seelischen Verletzung besonders gut festmachen. Wie weiter oben schon skizziert, ist die Opfer-Täter-Dyade ein typisches Beispiel für einen solchen Pendelschlag.

Die Analyse dieser rhythmischen Bewegungen in Familiengeschichten ist eines der wichtigsten diagnostischen Instrumente der Familiensystemdiagnostik.

Die Heilung besteht für den Menschen und damit für das entsprechende Familiensystem, in der Erkenntnis der Thematik, denn dadurch lassen sich die „Pendelschwingungen" neutralisieren. Lassen Sie mich das an einem Beispiel erläutern: Eine leidenschaftliche Reaktion ist ein besonders extremer Pendelschlag. Das heißt, das, was mich an meinem Gegenüber besonders ärgert, ist die andere Polseite meiner Thematik. Was heißt das? Schauen wir uns das an einem einfachen

Beispiel an: Ich wüte gerade nerven- und zeitentraubt zwischen meinen alltäglichen Pflichten, also u. a. zwischen Wäschekorb und Spülbecken herum und begegne keuchend und schwitzend meinem wohlausgeruhten Ehemann, der entspannt auf seinem Chefsessel ganz bei sich angekommen ist. Schließt er dann noch provokant seine Augen und signalisiert damit, dass meine Handlungen seine Ignoranz verdienen, dann spüre ich eine deutlich leidenschaftliche Wutreaktion. Natürlich kann ich versuchen, im erhitzten Zustand zu erklären, wie wichtig mein Handeln ist und er ja nur so rumsitzen könne, weil ich alles alleine machen muss. Ich kann aber auch auf eine Metaebene des Verstehen gehen und erkennen, dass ich unfähig bin, meine Prioritäten zu ordnen und damit Gefahr laufe, mein inneres Gleichgewicht in trivialen Nebensächlichkeiten des Alltages zu verlieren. Ich könnte Erkennen, das ich vielleicht gar nicht in der Lage bin, mir Zeit für mich zu nehmen, dass ich nur im Funktionieren leben kann, weil ich mir nur so wichtig und wertvoll vorkomme, weil meine Selbstachtung über mein Funktionieren und meine Leistung definiert wird. Ich käme sogar zu solchen Fragen, warum dem denn so ist und würde in noch tieferer Erkenntnis der Thematik einen starken Willen entwickeln können, hieran etwas zu ändern. In diesem Beispiel ist mein Mann mein Schatten, meine ungelebte Seite. Erkenne ich das von der Metaebene, dann bekämpfe ich nicht den anderen im Außen, sondern reife erkennend in meinem Inneren. Dann wird der andere sozusagen zu meinem „Helfer", indem ich in der Situation an und mit ihm lernen kann. Dann wird die Situation zum Geschenk Gottes, weil ich an ihr reifen kann, anstatt zum teuflischen Kampfplatz in meinem Leben. Dann werde ich zum „Meister (meiner) geistigen Zustände ... anstatt ihr Diener und Sklave" (ebd., S. 85) zu sein.

5.6 Die Grund-Folge-Beziehung in der Familiensystemdiagnostik oder vom Prinzip von Ursache und Wirkung

Dieses Prinzip trifft in die Tiefe des methodischen Vorgehens. Mit der Erkenntnis dieser Wahrheit haben wir den Schlüssel in der Hand, der uns das Verstehen hinter dem Anschein ermöglicht. Machen wir in der Familiensystemdiagnostik methodischen Ernst mit dem Wegfall einer lapidaren „Zufallserklärung" oder ohnmächtigen Schicksalsbindung, so führt uns dieses Denken von Grund-Folge im Alltäglichen ebenfalls zu mehr Tiefe im Verstehen, nicht nur unseres Selbst, sondern von allem, was ist. Behauptungen und Meinungen sind dann endgültig den geistigen Tieffliegern überlassen, hohle Kategorien sind uns allesamt zu klein, da sie die Wirklichkeit bis zur Unkenntlichkeit verstümmeln, und diagnostische Stempel verstehen wir als das, was sie sind: Hilflose Versuche, dem Hilfesuchenden einen Strohhalm zu reichen, damit er trotzdem noch daran glaubt, dass er in einer auf materiellen Profit ausgelegten Hilfsmaschinerie ruhig alle Verantwortung für sich selbst ablegen darf.

Hinter allem ist Sinn, das ist eine der befreiendsten Erkenntnisse überhaupt. Ich bin kein Zufallsprodukt evolutionärer Spielereien, sondern mein Dasein und mein Sosein sind sinnmotiviert. Sicherlich ist es keinesfalls so, dass der Sinn unmittelbar auf der Hand liegt, dem Verstand zugänglich ist. Wir sprechen in der Familiensystemdiagnostik von latenten Sinnstrukturen. Aber sicher ist, dass wir uns um jegliche Möglichkeit der Veränderung und der Reifung bringen, wenn wir dieses Prinzip leugnen. Wie schön zu wissen, dass mir nur das zufällt, was mich betrifft, was mich erkennen lässt, wo meine Seele bedürftig ist. In der Familiensystemdiagnostik haben wir gelernt, den Sachen auf den Grund zu gehen. Die überzeugenden Antworten, die sich aus dem Kompositum aller Warum-Fragen ergeben, lassen keinen Zweifel an dem Prinzip von Grund und Folge zu. Dieses Prinzip ist ein allgemeines, das heißt, es gibt keine Grenzen des Fragens auf der Ebene des Soseins. Wird ein Kind in eine völlig eng strukturierte und lebensnegierende Familiensituation geboren, berühren wir mit unserer Warum-Frage den Daseins-Bereich des Menschen. Warum wird ein Kind in eine Lebenssituation hinein geboren, die wir diagnostisch als Sackgasse bezeichnen können und sich auch als solche erweisen wird? Hier erreichen wir die Grenze der Wissenschaft und eröffnen konsequent weitere Fragen: Warum macht es einen Sinn, dass ein Kind in eine desasträse Situation hineingeboren wird? Wenn wir nun, immer noch logisch denkend, aus der analytischen Arbeit erfahren haben, dass es in unserem Erleben ständig und einzig immer um Erkenntnisse geht, die der Seele zur Reifung gereichen, dann gilt dies sicher auch für die oben skizzierte Situation. Als Sozialwissenschaftlerin bewahre ich Zurückhaltung was weitere Schlussfolgerungen angeht, im gelassenen Wissen darum, dass es für den denkenden Menschen jetzt erst richtig interessant wird, da er nun – jenseits jeglicher Schwarmgeisterei – den Daseinsfragen nachgehen wird, geleitet und ausgestattet mit allgemeinen Prinzipien, die „wie oben, so unten" Geltung haben.

„Jede Ursache hat ihre Wirkung, jede Wirkung ihre Ursache; alles geschieht gesetzmäßig, Zufall ist nur der Name für ein unbekanntes Gesetz. Es gibt viele Ebenen der Ursächlichkeit, aber nichts entgeht dem Gesetz" (Das Kybalion, S. 26).

5.7 ... und er erschuf sie als Mann und Frau! Das Prinzip des Geschlechts

Wie oft müssen wir in der Familiensystemdiagnostik feststellen, dass man sich gegen dieses Schöpfertum erhebt, so, als wüssten wir es besser, als der liebe Gott. Der Verstoß gegen das Prinzip des Geschlechts führt in aller Regel zu erbarmungslosen Machtkämpfen, die nicht selten im Tod des Erlegenen enden. Über die zahlreichen Variationen dieser Machtkämpfe könnte ich ein weiteres Buch füllen, in dem ich aufzeigte, wie es zu diesen Machtkämpfen kommt, auf welch´ verschiedene Weise diese ausgetragen werden und wie das schwere Erbe auf die nächste Generation abgewälzt wird. Diese Negierung des Geschlechtsprinzips endet in der totalen Ablehnung eines Partners resp. einer Partnerin, damit konsequent in der Beziehungslosigkeit und natürlich nicht zuletzt in der Ablehnung der eigenen Geschlechtlichkeit. In unserer materialistischen

Gesellschaft finden solcherlei Entartungen ihren normalisierten Platz.

„Es scheint die Rolle des männlichen Prinzips zu sein, eine bestimmte, ihm innewohnende Energie auf das weibliche Prinzip zu richten und so die schöpferischen Prozesse in Gang zu setzen. Aber das weibliche Prinzip ist das, welches die tatsächliche schöpferische Arbeit leistet, und dies auf allen Ebenen. Und doch, jedes Prinzip ist unfähig zur wirksamen Energie ohne die Unterstützung des anderen" (ebd. S. 102). So ist das Scheitern der Emanzipationsbewegung evident, ging es da ja nicht um die Bedingungen der Lebendigmachung dieses Prinzips, sondern um eine neue Variante im „Spielchen" von Macht und Ohnmacht zwischen den Geschlechtern. Da wollten die Damen den Herren mal zeigen, wer besser seinen Mann stehen kann. Es muss aber darum gehen, gerade die wesentlichen Unterschiede zum Tragen zu bringen - Mann und Frau sind wesentlich unterschiedlich, noch mal: vom Wesen her zu unterscheiden, da sie zwei Pole ein und derselben Daseinsform sind. Nur in der Vereinigung dieser Gegensätzlichkeiten kann Neues geschaffen werden, sowohl auf der körperlichen, als auch auf der geistigen Ebene. Es versteht sich von selbst, dass die Negierung dieses Prinzips eine Form der Selbstzerstörung ist. Sie ist sicherlich damit auch eine Ursache geistiger Dekadenz. In Einklang mit diesem Prinzip leben bedeutet aber umgekehrt höchste schöpferische Kraft. In der liebenden Annahme der Geschlechtlichkeit, in der Vereinigung von Mann und Frau kann dieses Prinzip zu seiner höchsten Entfaltung gereichen und Sexualität zum göttlichen Ausdruck werden, durch die totale Annahme des anderen in seinem wesentlichen

Anderssein. Dann und nur dann handelt es sich bei sexuellen Handlungen um Liebe. Den anderen ganz sein lassen können, nichts von ihm erwarten, weil man selbst in seiner höchsten eigenen Annahme ist, das ist die SELBSTLIEBE, die wir alle zum leuchten bringen sollten. Alle Handlungen, die aus Egoismus motiviert sind, sind Ausdruck eigener Angst, letztlich der Angst, nicht geliebt zu werden, weil mal selbst nicht lieben kann. ABER: Er-lösen wir den anderen, dann er-lösen wir uns selbst!

„Ohne Liebe gibt es kein Leben. Wer die Liebe fürchtet und flieht, der ist nicht frei." (Anton Tschechow) Denn „die Summe unseres Lebens sind die Stunden, in denen wir liebten" (Wilhelm Busch).

Schlusswort

Wir haben jederzeit die Möglichkeit, uns zu verstehen und in Kenntnis über uns Gestalter unseres Soseins zu werden. Die Familiensystemdiagnostik ist ein Weg zur Erkenntnis und leistet damit einen unverzichtbaren Beitrag sowohl zum Wohlergehen des fragenden Menschen, als auch als Wegweiser aus einer sich selbst zerstörenden Gesellschaft, indem sie letztlich auf eine Schönheit im Zustand der Reinheit verweist, die im Evangelium zu finden ist. Sie ist ein Schlüsselinstrument, die Seele zu verstehen, in dem, was sie eigentlich sagen will und wir alle sollten lernen, hinzuhören. Mit dem Hören kann eine dermaßen starke innere Kraft entspringen, ein unvorstellbarer Hunger nach Wissen und Verifizierung des Wissens, eine brennende Sehnsucht, die Liebe in diese Welt zu bringen, jenseits jeglicher Angst vor Skandalen und Widersprüchen.

Literaturverzeichnis:

Biemel, Walter: Sartre, Bild-Monographie. Hamburg 1988

Camus, Albert: Der Mythos von Sisyphos. Ein Versuch über das Absurde. Hamburg 1988

Das Kybalion, Drei Eingeweihte, Hamburg, 2008

Dürr, Hans-Peter Juni 2000, „Für eine zivile Gesellschaft"

Heidegger, Martin: Sein und Zeit. Tübingen 1986

Jaspers, Karl: Existenzphilosophie. Berlin 1974

Jaspers, Karl: Der philosophische Glaube. München 1988

Leboyer, Frederick: Geburt ohne Gewalt. München 1981

Meinhold, Werner J.: Krebs, eine mystifizierte Krankheit. Hamburg 1996

Rössner, Hans (Hrsg.): Der ganze Mensch. Aspekte einer pragmatischen Anthropologie. München 1986

Sartre, Jean-Paul: Die Fliegen. Hamburg 1988

Sartre, Jean-Paul: Das Sein und das Nichts. Versuch einer phänomenologischen Ontologie. Hamburg 1989

Stüttler, Josef Anton: Der kritische Mensch im modernen Christentum. Essen 1974

Warnke, Ulrich: Diesseits und Jenseits der Raum-Zeit-Netze. Saarbrücken 2001

Weitere Empfehlungen der Autorin:

Dr. Nirvard Schlögl, O, Cist.: Die heiligen Schriften des Neuen Bundes. Wien 1920

Kay Pollak: Durch Begegnungen wachsen. München 2007

Kay Pollak: Für die Freude entscheiden. München 2010

Kay Pollak: Wie im Himmel (DVD) „Es ist ein Abenteuer, das eigene Paradies zu finden"

„Die Befindlichkeit
eines jeden Menschen
ist eine verschlüsselte Antwort
auf jene Fragen,
denen er nachzuspüren vermag.
Er lebt diese Antwort,
bevor er sie als Wahrheit begreift."

(R. W. Emerson, Die Natur)

Und meine Seele spannte
Weit ihre Flügel aus,
Flog durch die stillen Lande,
Als flöge sie nach Haus.

(nach Eichendorff)

Ihre Annegret Braun